Thomas Hieke (Hrsg.)

Tod – Ende oder Anfang?

Was die Bibel sagt

Verlag
Katholisches
Bibelwerk

www.bibelwerk.de
ISBN 3-460-33173-9
Alle Rechte vorbehalten
© 2005 Verlag Katholisches Bibelwerk GmbH, Stuttgart
Umschlaggestaltung: Finken & Bumiller, Stuttgart
unter Verwendung des Bildes von Alfred Manessier, Ostern, 1948,
© VG Bild-Kunst, Bonn
Druck und Bindung: Ludwig Auer GmbH, Donauwörth

Thomas Hieke (Hrsg.)
Tod – Ende oder Anfang?

Inhalt

Einführung

Wie sehr die Bibel ein wirkliches Abbild des menschlichen Lebens ist, kann in ganz besonderem Maße an der Frage nach dem Tod des Menschen abgelesen werden. Besinnt man sich auf die verschiedenen Aspekte dieses Themas im eigenen Alltag und persönlichen Umfeld, dann wird man alles davon in der Bibel wiederfinden.

Diesen Schatz gilt es zu heben. Dazu werden in einem ersten Anlauf wichtige Aussagen der Bibel zum Tod näher beleuchtet. Zunächst geht es um die grundlegende Rede vom Menschen in den Schöpfungstexten. Hier wird idealtypisch und beispielhaft vom Menschen – und damit auch vom Tod – erzählt. Und in den folgenden Erzählungen schlagen sich diese „Grunddaten" nieder. Die Sterblichkeit des Menschen ist einer dieser Faktoren, ein anderer die Vorstellung, dass nach dem irdischen Tod nicht das Nichts kommt, sondern eine Schattenexistenz in der Unterwelt (Scheol), die jedoch nicht als „Leben" bezeichnet werden kann. Diese Unterweltvorstellung ist auch insofern näher zu betrachten, als einige Erzählungen des Alten Testaments davon handeln, dass die Grenze des Todes und zur Scheol bisweilen und teilweise unter mysteriösen Umständen überwunden wird: sei es, dass ein „Medium" Kontakt mit den Totengeistern aufnimmt, sei es, dass ein Prophet und Gottesmann ein bereits totes Kind zum Leben erwecken kann.

Die Vorstellung von der Scheol ist ein wichtiger Hintergrund für das Verstehen biblischer Texte, die vom Tod reden. Ebenso wichtig sind die mit dem Tod einhergehenden Handlungen und Rituale der zurückbleibenden Lebenden: Begräbnis- und Trauerriten, die sehr sorgfältig beachtet werden, helfen einerseits bei der Bewältigung des Todes eines vertrauten Menschen, andererseits beim Umgang mit dem Gedanken an den eigenen, unausweichlich bevorstehenden Tod.

Die Todesverfallenheit des Menschen, sein unentrinnbares Todesschicksal ist auch in der Gebetsliteratur, in den Psalmen, ein vorherrschendes Thema: sei es, dass die Toten Gott nicht loben können, sei es, dass die Betenden ihre Todesangst vor Krankheit oder brutaler Verfolgung Gott entgegenschreien.

Neben der akuten Todesnot stehen im Alten Testament, besonders in der Weisheitsliteratur, auch Texte, die aus „philosophischer" Distanz heraus über den Tod nachdenken. Bis in diese Weisheitstexte hinein ist die dominante Sichtweise des ersten Teils der Bibel bestimmt von der Überzeugung, dass der Tod radikal das Leben abschneidet, d. h. alle positiven Gestaltungsmöglichkeiten, alle sozialen Beziehungen und damit auch – und das wird als besonders schlimm empfunden – die Beziehung zum lebendigen Gott.

Auf die Dauer musste diese Haltung im alten Israel jedoch unbefriedigend bleiben, besonders unter dem Eindruck, dass unschuldige Menschen, die in beispielhafter Weise gerecht und fromm lebten, unter der Verfolgung durch fremde Besatzungsmächte einen vorzeitigen und schlimmen Tod erleiden mussten. Dass dies nicht Gottes letztes Wort gewesen sein kann, führte zu der immer stärker um sich greifenden Hoffnung, dass Gott die Macht hat, den physischen Tod der Menschen zu überwinden. Spuren dieser Überzeugung finden sich schon an wenigen Stellen in der hebräischen Bibel, dann aber vermehrt in den von den Christen als Teil der Bibel (als deuterokanonisch/apokryph) angesehenen jüdischen Schriften, wie den Makkabäerbüchern und dem Buch der Weisheit Salomos. Schon vor dem Neuen Testament gibt es also im Frühjudentum eine breite Tradition der Überzeugung, dass die Toten auferstehen werden. Ist man damit schon beim Neuen Testament angelangt?

Sicher ist das Neue Testament geprägt von der Ostererfahrung der Auferstehung Jesu und damit der Hoffnung auf eine allgemeine Totenauferstehung, so dass Paulus frohlocken kann: *Tod, wo ist dein Stachel?* (1 Kor 15,55). Doch auch im Neuen Testament bleibt der Tod eine unleugbare Tatsache des menschlichen Lebens, eine ernst zu nehmende und wichtige Folie, vor der erst die christliche Hoffnung sich manifestieren kann.

Eine Reihe weiterer Aspekte ergänzt und vertieft das hier umrissene Bild der biblischen Sichtweise des Todes. Man denke nur an den Vorgang des Sterbens selbst: Wie kann der Mensch da seine Würde bewahren? Das Alte Testament gibt keine allgemein gültige Antwort, und es versucht nie, auf Kosten leidender Menschen dem Sterben irgendeinen Sinn abzugewinnen – ein Gedanke, der auch für das Neue Testament zutrifft.

Drei weitere Gesichtspunkte werden in Untersuchungen anderer Autoren vertieft.

(1) Unter dem Titel „Der Todeswunsch als Zumutung Gottes" widmet sich *Christoph Dohmen* folgender Frage: Was ist davon zu halten, wenn herausragende biblische Persönlichkeiten wie Mose,

Elija, Jeremia, Jona und Ijob sich den Tod wünschen? Dieser Todeswunsch ist nicht die Melancholie von Lebensmüden oder Suizidgefährdeten – der Suizid (Selbsttötung) ist eine eigene Erscheinung, die in wenigen Fällen auch in der Bibel begegnet. Nein, hinter dem Todeswunsch des Mose und der anderen Boten Gottes steht das Zusammenbrechen des Menschen unter der Last der von Gott auferlegten Aufgabe oder Botschaft, mithin eine verzweifelte Klage und eine Rückgabe des Auftrags an den Auftraggeber – zusammen mit dem eigenen Leben, das untrennbar in den Auftrag Gottes hineinverwoben ist.

(2) Das weite Feld des Verhältnisses von Tod und Recht beleuchte ich unter dem Titel „Das Alte Testament und die Todesstrafe": Wie sieht das Alte Testament den Tod als Strafe Gottes einerseits, und die Todesstrafe andererseits? In den Texten finden sich regelrechte Todesdeklarationen: Bestimmten Tatbeständen wird die Sanktion „der soll gewiss getötet werden" zugeordnet. Treffen die Übersetzung und der damit angesprochene Sachverhalt „der wird mit dem Tod bestraft" zu? Es stellt sich heraus, dass ein anderes Verständnis angemessener ist: Es geht nicht um eine Todesstrafe im heutigen Sinn, sondern um die Ächtung von Tatbeständen, die unter keinen Umständen vorkommen dürfen. Mithin ist hier weniger von Recht und Gericht, als vielmehr von Ethos und Ermahnung (Paränese) zu sprechen.

(3) Schließlich untersucht *Tobias Nicklas* die Frage nach der Fürbitte für die Toten einerseits und die Fürsprache der Verstorbenen andererseits. Diese Gedanken liegen nahe, wenn sich die Überzeugung durchgesetzt hat, dass mit dem Tod nicht alles aus ist. Allerdings wird dies in Judentum und Christentum in der Antike kontrovers diskutiert, während die so genannte „Volksfrömmigkeit" entsprechende Praktiken einfach ausübte. Wie man sich genau die Fürbitte für die Toten bzw. die Fürsprache der Toten vorstellt, hängt eng mit der Frage zusammen, wie man sich das „Jenseits" und die Existenz des Menschen vor und nach dem Tod überhaupt denkt. Damit aber ist auch die Frage nach Gott aufgeworfen: Wird Gott nicht in seiner Allmacht beschnitten, wenn man den Toten irgendeinen Einfluss auf Gott zugesteht? Und in ethischer Richtung ist zu fragen, ob nicht das Diesseits und die moralische Verantwortung im Hier und Jetzt zu gering geachtet werden, wenn man sich „später" (nach dem irdischen Tod) auch auf das fürbittende Gebet der Hinterbliebenen verlassen könnte – oder auf die Fürsprache der schon Verstorbenen. Im positiven Sinne zeigen

die Vorstellungen der Fürbitte für die Toten bzw. der Fürsprache der Toten für die Lebenden die Grundüberzeugung, dass das Band der Liebe durch den physischen Tod nicht durchbrochen werden kann.

Thomas Hieke

Sichtweisen des Todes im Alten Testament

Der Mensch zwischen Sterblichkeit und Unsterblichkeit

Schon in den ersten Kapiteln der Bibel, die von der Schöpfung und dem Beginn des Lebens handeln, spielt der Tod eine gewisse Rolle. Der Tod, der das menschliche Leben grundsätzlich in Frage stellt, kann in den Geschichten vom *Anfang*, die in „erzählerischer (narrativer) Theologie" eine grundlegende Lehre vom Menschen entfalten, nicht ausgeklammert bleiben. Doch die Textstellen sperren sich gegen eine streng systematisierende Deutung des Todes. Das kann dadurch bedingt sein, dass in dieses „Grundsatzprogramm des Anfangs" verschiedene Ansätze, Quellen und Bearbeitungen aufgenommen wurden.

Drei Deutungen des Todes in Gen 1–3

Liest man die ersten drei Kapitel des Buches Genesis, so stößt man auf (mindestens) drei verschiedene Deutungen des Todes (nach H.P. Müller), die als gegenseitige Ergänzungen oder Vertiefungen der Fragestellung verstanden werden können. Allein an dieser Bandbreite zeigt sich ein Grundcharakter biblischer Offenbarung: *Eindeutige* Antworten ergeben sich vielleicht aus einzelnen Bibelstellen, der Blick auf die Gesamtheit des biblischen Zeugnisses öffnet jedoch den Horizont auf vielfältige Aspekte und Fragen, die zu fortwährendem Suchen und Nachdenken einladen.

Ein erster Aspekt des Todes begegnet bei der Versorgung des ersten Menschen mit Nahrung (Gen 2,16-17):

Dann gebot Gott, der Herr, dem Menschen: Von allen Bäumen des Gartens darfst du essen, doch vom Baum der Erkenntnis von Gut und Böse darfst du nicht essen; denn sobald du davon isst, wirst du sterben.

Der Tod wird hier von Gott in feierlicher Form als unmittelbare Folge einer Gebotsübertretung oder Sünde angekündigt. Die Formel im ersten Verbot, das Gott an den Menschen im Garten Eden richtet, lautet „du wirst gewiss sterben". Sie begegnet auch an anderen Stellen als Folge einer Gebots- oder Verbotsübertretung (vgl. u. a. Gen 20,7; 1 Kön 2,37.42; Ez 3,18; 33,8.14). Ist also der Tod des Menschen eine Strafe Gottes für schwerwiegende Übertretungen göttlicher Gebote oder Verbote? Zunächst sieht es danach aus, denn nach der tatsächlichen Übertretung des Verbots von Gen 2,17 wird das Thema „Sterben" in der Bestrafung der Menschen aufgegriffen – doch eigenartigerweise tritt der Tod nicht sofort ein, und außerdem wird er ganz anders begründet bzw. gedeutet (Gen 3,19):

Im Schweiße deines Angesichts sollst du dein Brot essen, bis du zurückkehrst zum Ackerboden; von ihm bist du ja genommen. Denn Staub bist du, zum Staub musst du zurück.

Die Strafe des Menschen ist seine harte und mühevolle Daseinsweise – der Tod hingegen erscheint als etwas völlig Natürliches, das in der Beschaffenheit des Menschen, der aus Staub vom Ackerboden gebildet wurde (Gen 2,7), grundgelegt ist. „Sterblichkeit kommt also nicht als etwas Negatives zu einem anfänglich unsterblichen Menschen hinzu, sondern sie gehört von Anfang an zum Menschen" (C. Dohmen). Hinter den zwei verschiedenen Deutungen des Todes steht die ambivalente Erfahrung des Menschen: Der Tod ist einerseits ein gewaltsamer Einbruch in das menschliche Leben – er kann wie eine „Strafe" erfahren werden. Andererseits ist der Tod eine unumstößliche Tatsache, ein fester Bestandteil menschlicher Existenz, so fest, dass er im Wesen des Menschen verankert ist, das durch den Anfang und die Erschaffung (Staub vom Ackerboden) bestimmt ist. Auf beide Sichtweisen und Erfahrungen gehen die biblischen Texte ein.

Zu diesen beiden Deutungen kommt eine dritte hinzu, die auf den Unterschied zwischen Mensch und Gott oder auf das Wesen Gottes, von dem sich der Mensch grundlegend unterscheiden muss, abhebt. Dazu wird ein Motiv aus der altorientalischen Umwelt Israels herangezogen: der Baum des Lebens. Er erscheint als Baum „in der Mitte des Gartens" neben dem Baum der Erkenntnis von Gut und Böse (2,9). Der Baum der Erkenntnis von Gut und Böse ist eine völlig einzigartige Erscheinung. Das Motiv „Baum des Lebens" begegnet dagegen in einer Reihe bildhafter Darstellungen aus dem Alten Orient.

Das Verbot des Essens beschränkt sich nach Gen 2,17 auf den Baum der Erkenntnis von Gut und Böse, doch in Gen 3,3 referiert die Frau das Verbot so, dass es den Baum „in der Mitte des Gartens" betrifft. Der weitere Text sperrt sich jedoch dagegen, damit den Baum des Lebens von 2,9 zu identifizieren, denn die Folge des Essens ist, dass den Menschen „die Augen aufgehen". Man müsste damit eigentlich von drei Bäumen sprechen. Die genaue Identifizierung der jeweiligen Bäume und des sie betreffenden Verbots sowie die entsprechenden Folgen bleiben in der Schwebe und veranlassen dazu, die unterschiedlichen Vorstellungen nicht streng geschieden, sondern als einander ergänzend zu betrachten. Aus dem Ende von Gen 3 wird deutlich, wovon die Menschen gegessen haben: vom Baum der Erkenntnis von Gut und Böse. Dadurch haben sie eine sittliche Autonomie erworben, eine Erkenntnis des Lebensförderlichen und des Schädlichen, die freilich die sittliche Entscheidung fordert. Dies beinhaltet einerseits die Möglichkeit des Scheiterns – das zeigt sich beispielhaft in der unmittelbar folgenden Geschichte von Kains Brudermord –, andererseits den Status der Gottähnlichkeit. Um diese Gottähnlichkeit nicht überhand nehmen zu lassen und die Differenz Gott – Mensch auch wesensmäßig (ontologisch) aufrecht zu erhalten, werden die Menschen vom Baum des Lebens, der Unsterblichkeit verheißt, ferngehalten (Gen 3,22-23):

Dann sprach Gott, der Herr: Seht, der Mensch ist geworden wie wir; er erkennt Gut und Böse. Dass er jetzt nicht die Hand ausstreckt, auch vom Baum des Lebens nimmt, davon isst und ewig lebt! Gott, der Herr, schickte ihn aus dem Garten von Eden weg, damit er den Ackerboden bestellte, von dem er genommen war.

Bis hierher gelesen ergibt sich der Tod als eine Vorkehrung Gottes gegen die völlige Gottgleichheit des Menschen und damit eine dritte Deutung des Todes in den zwei Kapiteln Gen 2–3.

Der Mythos von Adapa und das Gilgamesch-Epos

Das Motiv des Essens vom Baum des Lebens verdient eine Vertiefung. Zwei interessante Motivparallelen aus der altorientalischen Literatur seien kurz erwähnt: der Mythos von Adapa und eine Stelle aus dem Gilgamesch-Epos. Der vom Gott des Unterweltozeans Ea mit Weisheit und Klugheit, aber nicht mit Unsterblichkeit versehene Priester Adapa hat bei einer Schiffshavarie den Südwind verflucht und damit die kosmische Ordnung gestört. Dafür muss er sich vor dem Hüter dieser Ordnung, dem Gott Anu, verantworten. Ea rät Adapa, die Götter Tammuz und Gizzida als Fürsprecher zu gewinnen. Bei einem Freispruch solle er zwar das angebotene Gewand und das Salböl, nicht jedoch die Speise und das Wasser nehmen, da dies zum Tod führen würde. Es geschieht zunächst alles wie vorgesehen: Adapa tritt vor Anu, der durch die günstige Fürsprache von Tammuz und Gizzida besänftigt wird. Anu lässt Salböl, Gewand, Speise und Wasser bringen. Adapa jedoch befolgt strikt die Anweisungen Eas: Er trinkt nicht und isst nicht. Anu lacht erleichtert auf und fragt, warum Adapa damit das ewige Leben ausgeschlagen habe. Darauf zitiert Adapa das Gebot Eas und wird auf die Erde zurückgebracht. Damit endet der Mythos unvermittelt – die Grenze zwischen Gott und Mensch bleibt gewahrt, das Gleichgewicht von Himmel und Erde erhalten. Die Gemeinsamkeiten mit und die Unterschiede zu Gen 3 liegen auf der Hand. In beiden Fällen will eine mythische Erzählung aus der „Urzeit" das Todesschicksal des Menschen klären, indem auf den grundlegenden Unterschied zwischen Mensch und Gott hingewiesen wird. Die Gemeinsamkeit ist das Nicht-Essen einer Unsterblichkeit verleihenden Speise. Anders als in Gen 3 ist es bei Adapa jedoch nicht die menschliche Schuld und göttliche Vorkehrung, sondern wesensbedingte Tragik, die von irdischer Unsterblichkeit abhält.

In eine ähnliche Richtung geht der Abschnitt aus der Heldenerzählung von Gilgamesch: Dem Helden wird vom Gott Utnapischtim das Geheimnis der Lebenspflanze kundgetan. In einer übermenschlichen Anstrengung holt Gilgamesch das Kraut mit dem Namen „Als Greis wird der Mensch jung" aus der Tiefe des chaotisch-lebensspendenden Urozean Apsu hervor – und verliert es auf geradezu banale Weise: Bei einer Rast sucht Gilgamesch Abkühlung in einem Brunnen. Währenddessen kommt eine Schlange herbei, frisst das Kraut und wirft anschließend ihre Haut ab. Die Unsterblichkeit (oder ewige Jugend) bleibt das Privileg der Götter, doch der Tod des Menschen erscheint als absurd und unverständlich. Gilgameschs Rückkehr in seine Heimatstadt Uruk zeigt einerseits seine Resignation, andererseits, dass er sich in das Unvermeidliche und die Grenzen des Menschseins fügt.

Zurück zum Buch Genesis: Im weiteren Erzählverlauf tritt die Deutung, der Tod sei eine göttliche Strafe, weit in den Hintergrund. Viel stärker wird der Gedanke erzählerisch ausgefaltet, dass der Tod ein selbstverständlicher Teil des menschlichen Daseins ist. Diese Selbstverständlichkeit zeigt sich z. B. in der Genealogie Adams in Gen 5, 3-8:

> *Adam war hundertdreißig Jahre alt, da zeugte er einen Sohn, der ihm ähnlich war, wie sein Abbild, und nannte ihn Set. Nach der Geburt Sets lebte Adam noch achthundert Jahre und zeugte Söhne und Töchter. Die gesamte Lebenszeit Adams betrug neunhundertdreißig Jahre, dann starb er. Set war hundertfünf Jahre alt, da zeugte er Enosch. Nach der Geburt des Enosch lebte Set noch achthundertsieben Jahre und zeugte Söhne und Töchter. Die gesamte Lebenszeit Sets betrug neunhundertzwölf Jahre, dann starb er.*

Dieses Muster setzt sich in den folgenden Generationen fort, und stets heißt es am Ende: „dann starb er". Kaum ein biblischer Text artikuliert eindringlicher den Zyklus des menschlichen Lebens aus Zeugung, Geburt, Zeugung von Kindern und Tod wie das sehr regelmäßig aufgebaute Kapitel 5 des Buches Genesis. Die hohen Altersangaben lassen sich vielleicht am besten dadurch erklären, dass es sich immer noch um mythische Texte aus einer beispielhaften Urzeit handelt, die eine platte realistisch-historische Deutung verweigern.

Ein hohes Alter erreicht auch der Stammvater Abraham. Sein Tod wird als etwas Natürliches, durchaus Positives geschildert (Gen 25,7-8):

> *Das ist die Zahl der Lebensjahre Abrahams: Hundertfünfundsiebzig Jahre wurde er alt, dann verschied er. Er starb in hohem Alter, betagt und lebenssatt, und wurde mit seinen Vorfahren vereint.*

Dies ist das Idealbild des Todes: in hohem Alter und lebenssatt – ein Wunschbild vieler Menschen bis heute. Diese Wendungen werden in der Bibel unter anderem bei Isaak (Gen 35,29), David (1Chr 23,1; 29,28) und Ijob (42,17) verwendet. Ein solcher Tod passt zu diesen idealtypischen Gestalten, die Musterbeispiele der Gottgefälligkeit sind.

Da liegt die Frage nahe, wie es um den Tod des Mose steht, der doch ebenfalls eine solche biblische Idealfigur ist. Sein Tod weicht nicht von den bisherigen Beobachtungen ab, öffnet den Blick jedoch für einen bemerkenswerten Zusammenhang. Gen 6,1-4 thematisiert die weit verbreitete mythische Vorstellung einer geschlechtlichen Verbindung zwischen göttlichen und menschlichen Wesen. Dieses mit dem umliegenden Kontext nur lose verbundene Fragment ist der Anlass für eine göttliche Begrenzung des menschlichen Alters (Gen 6,3):

> *Da sprach der Herr: Mein Geist soll nicht für immer im Menschen bleiben, weil er auch Fleisch ist; daher soll seine Lebenszeit hundertzwanzig Jahre betragen.*

Die Erzählung selbst hält sich nicht an diese Angabe: Bei Abraham etwa wird ein Alter von 175 Jahren angegeben (Gen 25,7). Doch bei Mose kommt am Ende des Pentateuch diese „Vorschrift" wieder in den Blick (Dtn 34,5-7):

> *So starb Mose, der Knecht des Herrn, daselbst im Lande Moab nach dem Wort des Herrn. [6]Und er begrub ihn im Tal, im Lande Moab gegenüber Bet-Peor. Und niemand hat sein Grab erfahren bis auf den heutigen Tag. [7]Und Mose war hundertundzwanzig Jahre alt, als er starb. Seine Augen waren nicht schwach geworden, und seine Kraft war nicht verfallen.*

Mose befolgt auch im Tod wortgetreu die Weisung Gottes und stirbt – in voller Jugendkraft – mit 120 Jahren, ganz wie es Gen 6,3 vorgesehen hat. Mit dieser subtilen Anspielung wird die volle Gültigkeit der Tora unterstrichen. Der Tod selbst erscheint dabei als etwas Selbstverständliches, Natürliches, in der Ordnung Gottes Vorgesehenes. Und dennoch gibt es bei Mose etwas Außergewöhnliches zu notieren: Wer bestattet Mose (34,6)? Gegen die Einheitsübersetzung, die ein unpersönliches „man" einsetzt, ist mit der Lutherübersetzung „er" (= Gott) wiederzugeben. Es ist Gott selbst, der Mose begräbt, daher kennt auch kein Mensch das Grab des Mose. Neben der Selbstverständlichkeit des Todes, die Mose wie jeden gewöhnlichen Menschen ereilt, wird so zugleich das besondere, exklusive Gottesverhältnis des Mose als Knecht des Herrn herausgestellt.

Auf eine andere Weise als bei Mose erfolgt dies bei Henoch (Gen 5,22-24): In Abweichung vom stereotypen Muster wird von Henoch gesagt, dass er seinen Weg mit Gott ging und dann nicht mehr da war, denn Gott hatte ihn aufgenommen. Das ist kein synonymer

Ausdruck für „sterben", sondern eine auffällige Alternative. Die Entrückung des Henoch führte in nachbiblischer Zeit zu zahlreichen Spekulationen über das weitere Geschick Henochs in der Sphäre Gottes.

Sterben und Tod im Buch der Weisheit

Das selbstverständliche menschliche Schicksal des Todes, wie es in den biblischen Erzähltexten auch über das Buch Genesis hinaus immer wieder anklingt, ist offen für Missverständnisse und Spekulationen. Dies gilt besonders dann, wenn die biblischen Menschenbilder in der Spätzeit des Alten Testaments mit hellenistischem Gedankengut in Verbindung kommen. Das geschieht im Buch der Weisheit: eine jüdische Schrift in griechischer Sprache aus der Zeit des großen Philosophen Philo von Alexandrien (geb. ca. 20/15 v. Chr.; gest. um 50 n. Chr.). Das Buch wird traditionell König Salomo zugeschrieben, gehört nicht zum jüdischen Kanon, wird aber von den christlichen Kirchen als deuterokanonisch angesehen. Der Anfang ist von einer Auseinandersetzung zwischen Gerechten und Frevlern geprägt.

Am Beginn des zweiten Kapitels wird das Denken der Frevler referiert: Sie stellen die Vergänglichkeit des menschlichen Lebens fest („kurz und traurig ist unser Leben" 2,1-5) und folgern daraus nicht nur den Genuss der irdischen Güter („Erlesener Wein und Salböl sollen uns reichlich fließen" 2,6-9), sondern auch die Unterdrückung und Ausbeutung der Armen und Schwachen. Die Lebensweise des armen, aber gerechten Menschen ist ein Stein des Anstoßes für die Frevler, daher planen sie seinen Untergang: „Er ist unserer Gesinnung ein lebendiger Vorwurf, schon sein Anblick ist uns lästig" (Weish 2,14). Ihre Bosheit ist tödlich: „Zu einem ehrlosen Tod wollen wir ihn verurteilen; er behauptet ja, es werde ihm Hilfe gewährt" (Weish 2,20). Dazu nimmt der Autor des Weisheitsbuches Stellung und verurteilt das Denken der Bösen als Irrtum (2,21-22), er hält ein anderes Menschenbild dagegen, das sich aus der Verbindung des Gedankens der Gottesbildlichkeit von Gen 1,26-27 mit der hellenistischen Vorstellung von Unsterblichkeit speist (Weish 2,23-24):

Gott hat den Menschen zur Unvergänglichkeit erschaffen und ihn zum Bild seiner Ewigkeit gemacht. Doch durch den Neid des Teufels kam der Tod in die Welt, und ihn erfahren alle, die ihm angehören.

Die Einheitsübersetzung folgt in Vers 23 einer anderen Lesart: *zum Bild seines eigenen Wesens.* Diese Version passt besser zu Gen 1,26-27, die oben genannte besser zum vorausgehenden Gedanken der Unvergänglichkeit.

Mit dieser Passage füllt das Buch der Weisheit die Aussage von der Gottesbildlichkeit des Menschen mit einem neuen Aspekt: Der Mensch ist ein Bild der Ewigkeit Gottes und prinzipiell zur Unvergänglichkeit geschaffen. Aus dem Gedanken der Gottesbildlichkeit heraus, angewendet auf das Gottesattribut der Ewigkeit, entwickelt das Buch der Weisheit eine weitere Deutung des Todes: Der Teufel, eine Instanz außerhalb des zur Unvergänglichkeit erschaffenen Menschen, ist für den Tod verantwortlich – und damit kann der Tod nicht das letzte Wort haben! Von hier aus entwickelt sich die Hoffnung auf ein Leben nach dem irdischen Tod (s.u.: Überwindung des Todes – Spuren im Alten Testament, S. 45 ff). Dabei hat man hier einen Text vor sich, der gegenüber den anderen Schriften des Alten Testaments viel „jünger" ist. Weitaus die meisten alttestamentlichen Texte teilen eine solche Hoffnung über den Tod hinaus nicht. Die gängige Vorstellung ist die einer Schattenexistenz in der Unterwelt, die mit „Leben" nicht bezeichnet werden kann.

Schattendasein im „Jenseits": Scheol

Für das Verstehen vieler biblischer Texte zum Tod ist wichtig, sich über die Vorstellungen klar zu werden, die die Menschen damals von dem Ort hatten, den wir üblicherweise mit „Jenseits" bezeichnen. Zunächst ist festzuhalten, dass die heute populäre Vorstellung, dass mit dem Tod „alles aus" sei, zur Zeit der Entstehung der biblischen Texte kaum denkbar war und sich daher auch in den Erzählungen und Dichtungen so gut wie nicht findet. Somit stellt sich die Frage, wie es nach dem irdischen Tod „weitergeht".

Die Vorstellung von der Unterwelt wird mit verschiedenen Begriffen bezeichnet (z. B. *Abbadon* in Ps 88,12; Spr 27,20). Der häufigste ist der Name „Scheol" (ca. 66 Mal im Alten Testament): Das Wort bezeichnet wahrscheinlich ein „Nicht-Land" oder „Unland", eine Öde – und davon leitet sich der Ort von Finsternis und Schweigen ab, der als Unterwelt oder Totenreich im Alten Testament auftritt. Fündig wird man vor allem in den prophetischen

Texten und in der Weisheits- und Gebetsliteratur. Dabei entpuppt sich die Scheol als ein Ort, wo die Toten eine Schattenexistenz ohne Kontakt zueinander, zu den Lebenden und zu Gott führen. Die Bewohner der Scheol werden auch „Schatten" genannt (Ps 88,11). Dieses Existieren, das man nicht Leben nennen kann, ist farb- und freudlos – es steht in deutlichem Gegensatz etwa zum altägyptischen Kulturkreis: In Ägypten hatten sich nicht nur großartige Totenrituale herausgebildet, sondern auch eine umfängliche Literatur über die Unterwelt, gewissermaßen „das Leben nach dem Tod", das in zahlreichen Spekulationen beschrieben wird und zu dem auch die Götter mit unterschiedlichen Einflussmöglichkeiten Zugang haben.

Die Scheol des Alten Testaments ist dagegen von JHWH, dem Gott des Lebens, streng getrennt – zunächst jedenfalls. In der religionsgeschichtlichen Entwicklung des Monotheismus, des Glaubens an den einen und einzigen Gott, wurde es nachgerade unmöglich, dass es einen Ort geben sollte, wo der eine und einzige Gott *keinen* Zutritt hätte (vgl. Amos 9,2-3; Ps 139,8).

Ein weiterer Grund, weshalb JHWH auch Macht über die Scheol bekam, ist die rituelle Entwicklung im alltäglich-familiären Bereich: Totenriten, Totenbefragung (Nekromantie) und die Verehrung von Ahnen waren (und sind) vor allem in der Frömmigkeit der Familie und der kleinen Gruppen zu Hause. Die Verehrung von Ahnen (also von Toten) wird aber in bestimmten Literaturbereichen der Bibel, die eng mit dem Buch Deuteronomium zusammenhängen, heftig verurteilt und abgelehnt (vgl. Dtn 18,11 und die verbotene und als schwere Verfehlung gebrandmarkte Befragung Samuels durch König Saul in 1 Sam 28,3-25). Dieses Verbot von Ahnenkult und Totenbefragung machte es nötig, im JHWH-Kult einen Ersatz dafür zu finden. JHWHs Machtbereich wurde auch auf die Scheol ausgeweitet.

Als Ort der Unterwelt stellte man sich konkret das tiefe Erdinnere vor, und normalerweise steigt man zur Scheol hinab. Tiefe Löcher und Felsspalten waren potentielle Zugangsorte. Auch findet sich die Rede von den „Pforten der Unterwelt" (Jes 38,10; Ps 9,14). Charakteristisch für die Scheol ist die tiefe Dunkelheit (Klgl 3,6), ebenso das Vorkommen von Staub (Ijob 17,16) und das Schweigen (Ps 31,17-18).

Bisweilen tritt die Unterwelt/Scheol auch als Person auf: Sie reißt ihren Rachen auf und verschlingt alles, auch die Pracht der Reichen (vgl. Jes 5,14). Diese mythologische Vorstellung könnte

Berührungen mit der kanaanäischen Vorstellung vom Gott Mot („Tod") haben, der unerlässlich alles verschlingt. In Jes 25,8 wird sich das Blatt wenden, und Gott wird den Tod für immer verschlingen. In Jes 14,9 tritt Scheol als König der Unterwelt auf, der alle Totengeister aufstört und in Bereitschaft ruft, den König von Babel zu empfangen – dieser Text ist Teil eines hoffnungsvollen Ausblicks, dass Israel einst auf die verhasste feindliche Stadt Babel ein Spottlied singen wird, in dem die Totengeister dem König von Babel zurufen: „Nun bist du so schwach wie wir!" Die Großmacht Babylon selbst wird in Hab 2,5 als „alles verschlingend wie die Unterwelt" dargestellt. Anschließend wird der Untergang dieses furchtbaren Feindes in Aussicht gestellt.

Im Neuen Testament wird die übliche griechische Übersetzung für Scheol verwendet: Hades (z. B. Mt 11,23). Die Vorstellungen decken sich weitgehend mit „Scheol". Zugleich kommen die Inhalte der griechischen Mythologie herein: Hades ist der Gott bzw. Pförtner der Unterwelt. Schon in der jüdischen Vorstellungswelt differenziert sich allmählich das Schicksal nach dem Tod, und auch im NT stellt sich nun die Frage, ob der Hades nur der Ort der Verdammten ist oder zunächst der Ort aller Verstorbenen. Nach Offb 20,13 geben Tod und Hades alle Toten heraus, damit sie beim Endgericht gerichtet werden können, „ein jeder nach seinen Werken". Für die Hölle, in die die Gottlosen hinab gestoßen werden, wird der Begriff „Gehenna" verwendet (z. B. Mt 5,22), jener eschatologische Ort von ewigem Feuer zur nie endenden Qual für die Verdammten. Die Offenbarung des Johannes formuliert die Vorstellung vom Endgericht so (Offb 20,11-15):

Dann sah ich einen großen weißen Thron und den, der auf ihm saß; vor seinem Anblick flohen Erde und Himmel und es gab keinen Platz mehr für sie. Ich sah die Toten vor dem Thron stehen, die Großen und die Kleinen. Und Bücher wurden aufgeschlagen; auch das Buch des Lebens wurde aufgeschlagen. Die Toten wurden nach ihren Werken gerichtet, nach dem, was in den Büchern aufgeschrieben war. Und das Meer gab die Toten heraus, die in ihm waren; und der Tod und die Unterwelt gaben ihre Toten heraus, die in ihnen waren. Sie wurden gerichtet, jeder nach seinen Werken. Der Tod und die Unterwelt aber wurden in den Feuersee geworfen. Das ist der zweite Tod: der Feuersee. Wer nicht im Buch des Lebens verzeichnet war, wurde in den Feuersee geworfen.

Der Feuersee ist hier metaphorischer Ort für diejenigen, die im Endgericht am Jüngsten Tage nicht bestehen können – ihr Schicksal wird unter der Voraussetzung einer Auferstehung vom (ersten, physischen) Tod als der „zweite Tod", die totale und endgültige Vernichtung bezeichnet. In diesem Untergang alles Widergöttlichen und Bösen werden auch Tod (vgl. Offb 21,4 in Rückgriff auf Jes 25,8a) und Unterwelt (Hades, Scheol) beseitigt.

Grenzüberschreitungen: Kontakt mit den Toten

Totenbeschwörung (Nekromantie)

Vergegenwärtigt man sich noch einmal die Vorstellung einer jenseitigen Schattenexistenz im Totenreich (Scheol), so ist zunächst zu betonen, dass jeglicher Kontakt zwischen den Toten und den Lebenden unmöglich ist. Doch liegt es geradezu auf der Hand zu versuchen, eben diese Grenze zu überschreiten. Von der Überzeugung, dass die Toten an einem bestimmten Ort (in der Unterwelt) noch existieren, ist der Schritt nicht mehr weit, nach Praktiken zu suchen, mit diesen Schattenexistenzen Kontakt aufzunehmen. Totenbefragung, Totenbeschwörung und Ahnenkult finden sich in vielen Kulturen, in der mesopotamischen Region, in der antiken Mittelmeerwelt und so auch im Einflussbereich des alten Israel. Die Logik, die dahinter steht, ist folgende: Die Toten sind den Lebenden um einen Schritt weiter und wissen daher mehr. Dieser Wissensvorsprung macht sie zu potentiellen Ratgebern für die Lebenden in schweren Krisen.

Die biblische Position zur Totenbeschwörung (Nekromantie) ist allerdings deutlich (Dtn 18,10-12):

Es soll bei dir keinen geben, der seinen Sohn oder seine Tochter durchs Feuer gehen lässt, keinen, der Losorakel befragt, Wolken deutet, aus dem Becher weissagt, zaubert, Gebetsbeschwörungen hersagt oder Totengeister befragt, keinen Hellseher, keinen, der Verstorbene um Rat fragt. Denn jeder, der so etwas tut, ist dem Herrn ein Gräuel. . . .

Hier wird neben dem Kinderopfer („durchs Feuer gehen lassen" bezeichnet eine bestimmte Opfer- oder Weihepraxis) jegliche Art von Wahrsagepraktiken verboten, vor allem auch das Beschwören und Befragen von Totengeistern (siehe auch Lev 19,31; 20,6.27). König Manasse wird bezichtigt, diese Gräuel begangen zu haben (2 Kön 21,6; 2 Chr 33,6). Dagegen erweisen sich die Könige

Hiskija und Joschija (vgl. 2 Kön 23,24) als gesetzestreu, da sie nicht Totengeister, sondern die Propheten Gottes (Jesaja und Hulda) befragt haben. Im Jesaja-Buch wird das Befragen von murmelnden Totenbeschwörern, die hier mehr als Bauchredner erscheinen, lächerlich gemacht (Jes 8,19; siehe auch 29,4).

König Saul hat in seiner Verzweiflung das Vergehen begangen, die Toten zu befragen. Diese Geschichte ist neben dem Verbotstext Dtn 18,11 der erzählerische *locus classicus* für die Totenbeschwörung (1 Sam 28,3-25). Auch wenn die Geschichte das Interesse verfolgt, den von Gott verlassenen König Saul in möglichst schlechtem Licht dastehen zu lassen, so darf man doch vermuten, dass sie die geschilderten Praktiken nicht frei erfunden, sondern aus dem realen Leben abgeschaut hat. König Saul ist durch die Angriffe der Philister in einer aussichtslosen Lage, zudem ist sein einstiger Ratgeber, der Gottesmann und Prophet Samuel, gestorben. Saul braucht aber dringend Samuels Rat, und so sucht er nach einer Kontaktmöglichkeit mit dem Toten. In 1 Sam 28,3 wird noch betont, dass Saul zunächst das Gebot erfüllt hatte und alle Totenbeschwörer und Wahrsager vertrieben hatte – doch der folgende Text zeigt, dass sich diese Praktiken nie ausrotten lassen. Nun braucht Saul selbst eine Totenbeschwörerin, da die anerkannten Offenbarungswege (Träume, Losorakel, Propheten) keine Antwort Gottes erbringen. Sauls Verkleidung wird von der Frau, die von den Dienern Sauls genannt wird und die sich zunächst weigert, das Ritual zu vollziehen, schnell durchschaut, als Saul Samuel befragen will. Der Text betont mehrfach das Drängen Sauls, um die Verantwortung für die Tat ihm allein zuzuschreiben. Der Vorgang selbst wird nicht im Detail beschrieben, wohl um keine Anleitung für verbotenes Tun zu geben. Das hier einschlägige hebräische Wort '*ōb* wird in der Einheitsübersetzung meist mit „Totengeist" wiedergegeben. Daneben kann '*ōb* aber auch das beschwörende Medium (Frau oder Mann) sowie das Beschwörungsmittel bezeichnen: eine aus dem Erdreich ausgehobene Grube, die den Zugang zur Unter- und Totenwelt symbolisieren soll. Durch den „Totengeist" oder eben durch diese Grube soll die Frau die von Saul gewünschte Person aus dem Totenreich heraufholen. Nachdem ihr Saul nochmals Straffreiheit zugesichert hat, beschreibt die Frau, die hier als Medium fungiert, ein heraufsteigendes Wesen, das zunächst als *Elohim* („ein Gott") bezeichnet wird und dann von Saul als Samuel identifiziert wird. Das Medium steht ab sofort völlig im Hintergrund und Saul und Samuel sprechen direkt miteinander.

Samuel teilt Saul dessen endgültige Verwerfung und dessen Untergang mit (vgl. 1 Chr 10,13), nicht ohne sich zu beschweren, dass Sauls Aktion seine Totenruhe gestört habe.

Andere mögliche religionsgeschichtliche Einflüsse zur Ausprägung der Totenbeschwörung könnten auch aus der Ahnenverehrung Ugarits stammen. Ugarit war eine Mittelmeer-Hafenstadt im heutigen Syrien, deren Blütezeit im 15.-13. Jh. v. Chr. lag. Bedeutende Ahnen wurden in einer Stele oder einer Statuette materiell repräsentiert. Eine solche Vergegenwärtigung der Ahnen könnte sich auf das Konzept des hebräischen Begriffes 'ōb ausgewirkt haben. Problematisch an dieser Annahme ist für die Deutung von 1 Sam 28 allerdings, dass Samuel nicht als Ahne Sauls gilt und die Aktion auch nicht an einem Grab stattfindet.

Sowohl der Erzähltext von 1 Sam 28, der mehrfach das Verwerfliche an Sauls Tun betont, als auch die klare Ablehnung der Totenbeschwörung in der Tora machen deutlich, dass die Bibel versucht, eine populäre Praxis des Aberglaubens und der Magie, bei der es sicher auch viel Scharlatanerie gab, zugunsten der Alleinverehrung des Gottes JHWH abzuschaffen. Bereits hier zeigt sich, dass die frühere Überzeugung, JHWH habe nichts mit den Toten zu tun, nicht aufrecht erhalten werden kann. JHWHs Machtbereich muss sich auch auf das Totenreich erstrecken, so dass hier eine Entwicklung hin zur spirituellen Überwindung des Todes beginnt (s.u., Überwindung des Todes – Spuren im Alten Testament, S. 45 ff).

Totenerweckungen im Alten Testament

Die Todesgrenze gedanklich und erzählerisch zu überwinden war eine ständige Herausforderung. Die Totenbefragung gab vor, Totengeister aus dem Schattenreich zu kontaktieren, um ihre vermeintlich größere Weltsicht zu befragen. Ein anderer Versuch, diese Schwelle zu überwinden, sind Erzählungen von der Erweckung von Toten. Im Alten Testament sind sie ein wichtiges Erzählelement über die Propheten Elija und Elischa.

In 1 Kön 17 befindet sich Elija im Streit mit König Ahab von Israel (Nordreich) über die wahre Gottesverehrung. Ist JHWH allein der Gott Israels oder kann man auch den kanaanäischen Gott Baal und die anderen Göttinnen und Götter verehren? Für Elija ist klar: JHWH allein ist der wahre Gott. Der Prophet demonstriert dies, indem er eine lange Trockenheit ankündigt, die auch eintritt. Während dieser Zeit wird er von einer Witwe in Sarepta versorgt; auf wundersame Weise werden ihr Ölkrug und ihr Mehltopf nicht leer. Aufgrund der außergewöhnlichen Trockenheit könnte der Gott Elijas auch mit dem kanaanäischen Gott Mot („Tod") identifiziert werden, denn Mot steht im Kampf mit dem Fruchtbarkeitsgott Baal – solange Mot über Baal siegt, so der kanaanäische Mythos, herrscht auf der Erde Trockenheit. Kommt der Regen wieder, so ist Baal gerettet. Um aber zu zeigen, dass der Gott Elijas nicht ein Todesgott (Mot) ist, sondern ein Gott des Lebens, wird eine Wundergeschichte erzählt (1 Kön 17,17-24): Der einzige Sohn der Witwe erkrankt tödlich, und die Witwe macht die Anwesenheit des Gottesmannes Elija dafür verantwortlich: Gott habe auf ihre Sünden geschaut und sie durch den Tod ihres Sohnes bestraft. Elija scheint sich diese Sicht zu eigen zu machen, denn er klagt Gott heftig an: „Tust du nun auch der Witwe, bei der ich mich aufhalte, Böses an, indem du ihren Sohn sterben lässt?" (1 Kön 17,20). „Nun auch der Witwe" – Elija meint damit wohl die katastrophalen Auswirkungen der von Gott gesandten Trockenheit. Nach dieser Herausforderung Gottes vollzieht Elija dreimal eine magische Handlung, die Synanachrosis genannt wird: Er legt sich auf das Kind und bittet Gott um die Wiederbelebung. Das Wunder wird jedoch nicht durch die Magie bewirkt, sondern eben durch das Gebet, das Gott erhört: Das Leben (das hebräische Wort *näfäsch* ist sehr vieldeutig: Kehle, Atem, Seele, Leben) kehrt in den Knaben zurück. Die Witwe, die sieht, dass ihr Sohn wieder lebt, anerkennt und bekennt Elija als einen wahren Gottesmann. Zugleich ist für den Leser der Geschichte klar, dass der Gott Elijas der wahre und zuverlässige Gott *des Lebens* ist. *Dieser* Gott und sein durch dieses Wunder bestärkter Prophet Elija werden dann in der folgenden Erzählung den Baalspriestern gegenüberstehen (1 Kön 18).

In deutlicher Parallele zu dieser Geschichte steht eine Überlieferung über den Schüler und Nachfolger des Elija: Elischa. Zunächst hatte Elischa einem kinderlosen Ehepaar einen Sohn verschafft (2 Kön 4,8-17). Etliche Jahre später, als das Kind herangewachsen war, erkrankt es tödlich. Die Mutter sucht eilends Elischa auf und macht ihm Vorwürfe, dass er vergebliche Hoffnungen geweckt habe. Elischa schickt zunächst seinen Gehilfen Gehasi mit seinem Stab voraus, doch der kann nichts ausrichten. Als Elischa zu dem toten Kind kommt, vollzieht er den gleichen magischen Ritus (Synanachrosis) und betet zu Gott. Dabei erscheint Elischa nicht als souveräner Wundertäter, sondern als ein aufgewühlter, selbst beunruhigter Mensch, der seine Kräfte erst bündeln und das Wunder gleichsam erringen muss. Elischas Glaubwürdigkeit steht auf dem Spiel. Doch auch diesmal wird das Gebet erhört und das Kind vom Tode erweckt. Diese Erzählung steht im Kontext weiterer Wundergeschichten, die über Elischa berichtet werden, so z. B. der Entschärfung giftiger Früchte, die einer der Prophetenjünger in Unkenntnis zubereitet hatte: „Der Tod ist im Topf", rief man Elischa zu, doch der streute Mehl auf das Gericht, und es war genießbar (2 Kön 4,38-41). Auch konnte Elischa in einer Hungersnot Brot vermehren (2 Kön 4,42-44). Selbst als Elischa längst gestorben war, wirkten seine Gebeine noch Wunder: Als man einen Toten in aller Eile auf der Flucht vor herannahenden Räuberbanden in das Grab Elischas warf und der die Knochen Elischas berührte, wurde der Tote wieder lebendig (2 Kön 13,21). In all diesen Totenerweckungsgeschichten wird jedoch die Grenze des irdischen Todes nur vorübergehend durchbrochen. Der verfrühte Tod der Kinder wird aufgehoben, sie kehren ins Leben zurück, aber müssen dennoch – irgendwann – (wieder) sterben.

Die Totenerweckungen von Elija und Elischa waren ungeheuer prägend für das Neue Testament (s.u., S. 57 ff). Auch in der außerbiblischen Literatur sind Erzählungen von Totenerweckungen belegt, ebenso in der hellenistischen Literatur. Dort allerdings wird meist ein Scheintod vorausgesetzt. Die biblischen Totenerweckungserzählungen, sowohl im Alten wie im Neuen Testament, müssen von den Auferstehungs- bzw. Ostergeschichten unterschieden werden. Es ist ein großer Unterschied, ob jemand aus dem Tod vorübergehend ins Leben zurückgeholt wird und dann doch wieder sterben muss, oder ob es um die endgültige und endzeitliche Totenauferstehung geht.

Begräbnis- und Trauerriten

Ein weiterer Vorstellungskomplex, der als Hintergrundwissen für die Geschichte des Todes im Alten Testament sehr hilfreich ist, betrifft die Rituale um Bestattung und Trauer. Hier können nur wenige Andeutungen gemacht werden, die vor allem die biblischen Texte betreffen. Insbesondere der archäologische Aspekt an dieser Thematik ist so umfangreich, dass er hier nur am Rande gestreift werden kann.

Bestattung

Im Blick auf die Bestattung ist festzuhalten, dass in den meisten Kulturen in biblischer Zeit eine *ehrenvolle und ordnungsgemäße Beerdigung der/des Verstorbenen* eine extrem wichtige Angelegenheit war (und bis heute ist). Bei den Königen in der Bibel wird es als Lohn für ein Gott wohlgefälliges Leben angesehen, wenn ein König ordnungsgemäß beerdigt werden konnte.

So ist nach 1 Kön 14,13 der kranke Sohn Jerobeams, Abija, der noch ein Kind ist, der einzige in Jerobeams Familie, der Gott gefällt. Daher wird er ein ordentliches Begräbnis mit angemessener Totenklage erhalten. Alle anderen, zuerst natürlich Jerobeam, der König des Nordreiches Israel, der in Bet-El und Dan Stierbilder zur JHWH-Verehrung aufgestellt hat, gelten in biblischer Perspektive (die eine Südreich/Jerusalem-Perspektive ist) als „von Gott Abgefallene", denen in 1 Kön 14,11 ein schmachvoller Tod vorausgesagt wird: Anstelle einer ordentlichen Beerdigung steht der Verzehr des Leichnams durch streunende Hunde und aasfressende Vögel – eine Vorstellung, die offensichtlich höchstes Erschrecken und tiefes Abscheu erregen soll. Ein ähnliches Schicksal wird von Isebel, der kanaanäischen Ehefrau des Königs Ahab von Israel berichtet: Das unehrenhafte Ende ihres Leichnams wird mehrfach vorher angekündigt (1 Kön 21,23; 2 Kön 9,10) und bewahrheitet sich dann auch (2 Kön 9,30-37).

In 2 Kön 22,20 wird in dem Spruch der Prophetin Hulda über den König Joschija betont, dass Joschija aufgrund seiner Verdienste und seiner Aufrichtigkeit und Treue Gott gegenüber in Frieden in seinem Grab beigesetzt werden wird. Diese Prophetensprüche sind „vaticinia ex eventu", also angebliche Voraussagen, die im Nachhinein formuliert wurden. Das sieht man auch daran, dass in der Verheißung an Joschija bemerkt wird, Joschija würde der Anblick des schrecklichen Untergangs Jerusalems (597 und 587 v. Chr.) erspart bleiben. Der (zu) frühe Tod des aufrichtigen Joschija wird damit auch als „Bewahrung vor schlimmerem Übel" im Nachhinein gedeutet.

Das eigentliche „Muster" für eine ausführliche und ordnungsgemäße Bestattung findet sich – wie so oft – bei Abraham: Gen 23 ist dem Tod, der Totenklage und der Bestattung Saras gewidmet. Die langen Bemühungen Abrahams um die Erwerbung eines angemessenen Grabplatzes, seine ausführlichen Verhandlungen mit den das Land besitzenden Hetitern und schließlich die Betonung, dass dieser Grabplatz in das Eigentum der Familie Abrahams übergeht, zeigen die große Bedeutung der Totenbestattung. Der Grabplatz der Ahnmutter Sara ist damit in der Erzähllogik der Bibel ein erstes Unterpfand des dem Volk verheißenen Landes, in dem Abraham, Isaak und Jakob immer noch als Fremdlinge leben und in das erst Josua mit dem Volk Israel einziehen wird.

Die immense Bedeutung eines ehrenvollen Begräbnisses zeigt sich auch in späteren Schriften. Einer der die Handlung vorantreibenden Faktoren im Buch Tobit ist die Bemühung des alten Tobit, die in der Verbannung hingerichteten Israeliten, die nicht bestattet wurden, gegen das Verbot des Königs dennoch zu beerdigen (Tob 1,18). Am Ende der Geschichte erhält Tobit selbst von seinem Sohn Tobias ein ehrenhaftes Begräbnis (14,11). Die Bestattung der Eltern ist ein wichtiges Thema im Tobit-Buch (vgl. auch 4,4: Bestattung von Vater und Mutter im selben Grab; 14,12). Bei Platon finden sich übrigens ähnliche Hinweise (Nomoi IV,717d-718).

Ein ehrenhaftes Begräbnis gehört für ein vollendetes Leben wesentlich dazu, dies sieht man auch am „Lobpreis der Väter" in Sir 44:

[1]*Die ehrwürdigen Männer will ich preisen,*
unsere Väter, wie sie aufeinander folgten.

. . .

[14]*Ihr Leib ist in Frieden bestattet,*
ihr Name lebt fort von Geschlecht zu Geschlecht.

Wichtig ist dabei, dass das Begräbnis „geziemend" durchgeführt wird (vgl. u. a. Sir 38,16). Im Buch Tobit ermahnt Tobit seinen Sohn Tobias, dass Tobias ihn nach dem Tod begrabe (Tob 4,3). In der griechischen Literatur ist als Parallele der Wunsch des Sokrates zu nennen, genau nach dem überkommenen Brauch bestattet zu werden (Phaidon 116a).

Katastrophal sind Kriegs- und Krisenzustände, in denen eine ordnungsgemäße Bestattung der Toten nicht möglich ist. In der prophetischen Literatur der Bibel wird diese Vorstellung als warnende Drohung geäußert. Eindrucksvoll ist das „Totenlied", das Jeremia den Bewohnerinnen von Jerusalem angesichts der bevorstehenden Vernichtung lehren will (Jer 9,19-21):

Ja, hört, ihr Frauen, das Wort des Herrn, euer Ohr vernehme das Wort
seines Mundes. Lehrt eure Töchter die Klage, eine lehre die andere das
Totenlied: Der Tod ist durch unsere Fenster gestiegen, eingedrungen in

unsre Paläste. Er rafft das Kind von der Straße weg, von den Plätzen die jungen Männer. Die Leichen der Leute liegen wie Dünger auf dem Feld, wie Garben hinter dem Schnitter; keiner ist da, der sie sammelt.

Hier zeigt sich ein Rückgriff auf die Fluchbestimmungen in Dtn 28,26: „Deine Leichen liegen da, zum Fraß für alle Vögel des Himmels und für die Tiere der Erde und keiner verscheucht sie." Diese Drohung ist Teil einer langen Liste von Grausamkeiten, die dem Volk im Voraus angekündigt werden, wenn es die Weisungen und Gebote Gottes nicht befolgt. In ähnlicher Weise wurden in der damaligen Zeit Verträge zwischen dem Großkönig und seinen Vasallenkönigen abgeschlossen. Für den Fall, dass der Vasall vom Großkönig abfällt, werden grässliche Grausamkeiten, Krankheiten, Hunger, Missernten usw. als Fluch dem Vertragsbrecher zugesprochen. Diese Redeweise aus der Vertragssprache greift das Buch Deuteronomium auf. Wieder ist die unehrenhafte Bestattung eines der größten nur vorstellbaren Gräuel.

Auch dem König von Babel (s. S. 22) wird in Jes 14,18-20 in sehr drastischer Sprache ein unehrenhafter Umgang mit seinem Leichnam vorausgesagt, was als besonders schwere Strafe zu werten ist: *Alle Könige der Völker ruhen in Ehren, jeder in seinem Grab; du aber [der König von Babel] wurdest hingeworfen ohne Begräbnis, wie ein verachteter Bastard. Mit Erschlagenen bist du bedeckt, die vom Schwert durchbohrt sind, wie ein zertretener Leichnam. Mit denen, die in steinerne Grüfte hinabsteigen, bist du nicht vereint im Grab. Du hast dein eigenes Land zugrunde gerichtet, hingemordet dein eigenes Volk; darum soll man die Namen der Nachkommen dieses Verbrechers niemals mehr nennen.*

Totenklage

Ein ganz wesentliches Element der Bestattung ist die Totenklage. Auch hier liefert das Buch Genesis die grundlegenden Muster. Über Jakob, den Stammvater Israels, wird eine besonders würdige Totenklage abgehalten, die Ägypter beweinen Jakob 70 Tage lang (vgl. Gen 50,1-13). Um Mose und Aaron weinen die Israeliten nach Num 20,29 und Dtn 34,8 jeweils 30 Tage. Die normale Trauerzeit mit lauter Totenklage betrug wohl nicht länger als sieben Tage (z. B. Judit 16,24). Sir 38,16-19 empfiehlt, die üblichen Trauerrituale zu vollziehen, um keinen Anstoß zu erregen, dann jedoch den Schmerz und die Traurigkeit rasch zu überwinden.

Die Totenklage bestand in der Regel in lauten Äußerungen der Wehklage um den Verstorbenen. Klagende waren Verwandte, Freunde und Bekannte; bisweilen konnten auch professionelle Klagefrauen bestellt werden (Jer 9,16). Könige und bekannte Persönlichkeiten wurden in der Öffentlichkeit laut betrauert (z. B. um Samuel 1 Sam 25,1). Der Wortlaut zeigt, dass es zunächst die Angehörigen waren, die trauerten: „Ach, mein Bruder! Ach, meine Schwester!" (vgl. 1 Kön 13,30; Jer 22,18). Im Krieg trauerte man: „Ach, die Helden sind gefallen!" (2 Sam 1,19; 1 Makk 9,21). Gleichsam als ein literarisches „Muster" kann die Klage Davids um die Gefallenen der Schlacht auf den Bergen von Gilboa betrachtet werden, zu denen auch König Saul und dessen Sohn Jonatan gehören, den David als „Bruder" ansah (2 Sam 1,17-27).

Die Gattung der Totenklage („Leichenlieder") hat im Hebräischen ein charakteristisches Versmaß, qīnā genannt. Sie wird auch für die Klage über die Zerstörung Jerusalems und die Widrigkeiten des Lebens unter der Besatzungsmacht in Klgl 1–4 verwendet. In der prophetischen Literatur wird die Gattung „Leichenlied" aufgegriffen, um in drastischer Weise das bevorstehende Gericht und Unheil als gleichsam schon geschehen darzustellen (vgl. u. a. Amos 5,1-2; Jer 6,26; Ez 19; Jes 14; Ez 26,17).

Trauerbräuche

Die textlich artikulierte Totenklage ist überlieferungstechnisch leichter greifbar als die anderen Trauerbräuche. Doch auch dafür gibt es verschiedene Textzeugnisse. Diese zeichenhaften Handlungen können in der Regel als „Selbstminderungsriten" interpretiert werden: Der Trauernde gibt so seiner niedergeschlagenen seelischen Situation Ausdruck, er verzichtet auf seine normale soziale Stellung sowie auf den Gebrauch angenehmer Kulturgüter, zugleich sympathisiert der Klagende mit dem Bereich von Krankheit und Tod und solidarisiert sich so mit dem Kranken bzw. Toten. Die verschiedenartigen Trauerbräuche sind sehr alt und in vielen Kulturen vertreten.

Neben dem bereits genannten lauten Weinen und Klagen gehört vor allem das Zerreißen der Kleider zu den bekanntesten Trauerbräuchen (Gen 37,29.34; Ijob 1,20), ebenso das Anziehen eines

Trauergewandes (2 Sam 3,31; Jes 32,11). Trug man dennoch gewöhnliche Kleidung, so wusch man sie nicht mehr (2 Sam 19,25). Auch am Kopfhaar drückte man seine Trauer aus: Der Kopfbund, der die Haare zusammenhielt, wurde abgelegt (Ez 24,17.23: Als prophetisches Zeichen soll Ezechiel trotz eines plötzlichen Todesfalls diese Trauerbräuche *nicht* durchführen – das wirkte als schockierende Provokation!). Auch schor man sich das Haar (Ijob 1,20; Jes 22,12; Jer 7,26; 16,6; Mi 1,16) oder – so tat es Esra angesichts der Missstände in der Gemeinde – man raufte es sich (aus) (Esra 9,3). Der Bart wurde vernachlässigt (2 Sam 19,25) oder verhüllt (Ez 24,17.22). In der Körperpflege unterließ man das Salben (2 Sam 14,2; Dan 10,3), stattdessen streute man sich Staub oder Asche auf den Kopf (1 Sam 4,12; 2 Sam 1,2). Auch das Fasten (z. B. 1 Sam 31,13) bzw. die Enthaltsamkeit von guten Speisen (Fleisch, Wein; Dan 10,3) gehören zu den Trauerbräuchen. Man aß eine bestimmte Sorte Brot, das „Trauerbrot" (Jer 16,7; Ez 24,17.22; Hos 9,4).

Auffällig ist auch, dass viele Trauerbräuche meist nur in Form einer prophetischen Zeichenhandlung überliefert sind: Wahrscheinlich waren diese Bräuche und Riten so fest im Alltagsleben verankert, dass man nicht eigens darüber reden musste. Umso eindrucksvoller ist es, wenn ein Prophet zur Illustration und Demonstration seiner Botschaft entweder die Trauerbräuche auf das „verstorbene" Volk Israel anwendet bzw. das Volk zur Trauer aufruft (z. B. Jer 6,23) oder im Falle tatsächlicher Trauer eben die üblichen Riten unterlässt (Ez 24,15-17): Als Ezechiels Frau überraschend stirbt, unternimmt der Prophet im Auftrag Gottes keinerlei Trauerbräuche, sondern pflegt sich wie zuvor. Auf die Frage nach dem Grund zeigt Ezechiel mit seinem Verhalten das kommende Gericht über Jerusalem an: Wenn die Vernichtung kommt, wird keine Zeit und Möglichkeit zum Trauern in gewohnter Weise bestehen, allenfalls ein leises Stöhnen über die eigenen Sünden wird noch möglich sein. Eine vergleichbare Passage ist Jer 16,1-9: Der Prophet Jeremia darf nicht heiraten, darf keinen Trauerbesuch machen, an keiner Totenklage teilnehmen, kein Beileid wünschen. Gerade das Durchbrechen des fest gefügten Rituals vor allem im Todesfall sollte der prophetischen Botschaft die nötige Aufmerksamkeit verschaffen.

Bestimmte Riten, so z. B. das Zufügen von Schnittwunden und das Kahlscheren, spielten aber auch in der Verehrung des kanaanäischen Gottes Baal eine wichtige Rolle (vgl. 1 Kön 18,28; Hos 7,14) – um von daher Verwechslungen zu vermeiden, wurden derlei Trauerbräuche nach Lev 19,28 und Dtn 14,1 verboten.

Der Übergang von Trauerbräuchen zu anderen kultischen und rituellen Handlungen war fließend, so dass hier immer eine Gefahr der Vermischung und des Missbrauchs gegeben war. Auch bei der Bemessung der Trauerbräuche musste zur Vernunft gemahnt werden, wie Sir 38,16-19 zeigt. Eine rabbinische Diskussion missbilligt in ähnlicher Weise ein Überschreiten des rechten Maßes. So wird im Talmud festgelegt, dass man drei Tage lang weinen, sieben Tage lang klagen und sich für 30 Tage der Pflege des Haares (und Bartes) und des Waschens der Kleider enthalten solle (bMQ 27b).

Bestattungsarten

Die korrekte Bestattung der Toten war im gesamten Alten Orient, und vor allem auch in Palästina, eine sehr wichtige Angelegenheit. Davon zeugen nicht nur die biblischen Texte, sondern auch zahlreiche archäologische Gräberfunde. Dabei ist zu beachten, dass ein unmittelbarer Rückschluss von den gefundenen Überresten auf die damaligen sozialen Verhältnisse und auf die detaillierten Vorgänge bei der Grablegung nicht ohne Weiteres möglich ist. Den Archäologen liegt bei einem Grabfund alles „wie gleichzeitig" vor Augen. Doch die entdeckten Objekte müssen erst den vielen Stationen, die die Sorge um die Toten kannte, zugeordnet werden.

Eine ganze Reihe von Überresten in den Gräbern deutet darauf hin, dass der Bestattungsvorgang in Israel schon im Hause des Verstorbenen beginnt: Textilreste, Schließen aus Leder, Knöpfe, Fibeln und anderes mehr legen es nahe, dass der Tote nach dem Waschen und Salben in seine eigenen Gewänder eingekleidet und dann erst in leinene Leichentücher gehüllt wurde. Zahlreiche kleinere persönliche Gegenstände (Fingerringe, Kettchen, Arm- und Fußreifen) wurden schon bei der Aufbahrung der Leiche angelegt. Insbesondere bei Frauengräbern fand man auch Kosmetikgegenstände wie Schminkstäbchen, Mörser und Schalen, Haarnadeln und Kämme, alles wohl aus dem persönlichen Besitz der Toten. Aufbahrung und Bestattung fanden in der Regel (auch aus hygienischen Gründen) bereits am Tage des Todes statt, um eine offene Verwesung der Leiche zu vermeiden.

Bei der Überführung zur Grablege verwandte man ein Brett, auf das der Tote gelegt wurde. In späthellenistischer Zeit (etwa ab dem 1. Jh. v. Chr.) wird im Judentum bisweilen auch ein Holzsarg gebraucht. Die Trauergemeinde, zu der nicht nur die klagenden Verwandten und Freunde gehören, sondern oft auch professionelle Klagefrauen (und auch -männer), begleiten den Toten zur Grablege. Da ein Toter als eine Quelle kultischer Unreinheit galt, wurde er in der jüdischen Kultur nie innerhalb des Hauses oder der Stadt begraben. Im altorientalischen Umfeld war dies mitunter anders: In Ugarit beispielsweise fand man zahlreiche Bestattungen unmittelbar in Kellerräumen unter den Häusern. In Mesopotamien entstand in der Eisen-II-Zeit (ca. 10.-6.Jh. v. Chr.) der Brauch, die Toten in badewannenähnlichen Lehmsärgen innerhalb der Mauern zu bestatten, die die Besiedelung umgaben. Mit der assyrischen Eroberung des Nordreiches Israel im 8. Jh. v. Chr. und dem Anschluss dieses Gebietes an die assyrische Provinzialverwaltung kam dieser Brauch auch nach Nordpalästina. Für das Judentum selbst jedoch ist festzuhalten, dass Bestattungen außerhalb der Siedlungs- oder Stadtgrenzen stattfanden. Somit ergaben sich auch durch die im Folgenden geschilderte Art der Bestattung regelrechte „Totenstädte" (Nekropolen) im Anschluss an das Weichbild der Siedlungen.

Die Grablege, die auch „Haus der Ewigkeit" *bet 'olam*) genannt wird, bestand entweder aus einer natürlichen Höhle oder aus in Felsen geschlagenen Hohlräumen. Diesen Grabtyp nennt man *Kammergrab* (seit der Frühbronzezeit belegt; zahlreiche Funde aus der Eisen-II-Zeit). Durch einen sehr schmalen Eingang, der von einem Rollstein oder einem Schiebestein (seltener von einer Steintür) verschlossen wurde, betrat man den rechteckigen Hauptraum, an dessen drei Seitenwänden umlaufende Bänke angebracht waren. Auf diesen Bänken wurden die Toten gelegt – doch nicht immer zur „letzten Ruhe". Aus Platzgründen ging man bald zur so genannten „Sekundärbestattung" über: Nachdem die Leiche weitgehend verwest war und nur noch die Knochen übrig blieben, sammelte man letztere ein (meist nur den Schädel und die Langknochen) und legte sie in ein „Repositorium", eine Vertiefung im Hauptraum. In hellenistischer und römischer Zeit (ab dem 1. Jh. v. Chr.) wurden für die Aufbewahrung der Knochen auch aus weichem Kalkstein gehauene Kisten verwendet. Nach dem lateinischen Wort für Gebeine (*ossa*) nennt man sie „Ossuare".

Die Kammergräber waren sehr gut geeignet, den familiären Zusammenhalt über den Tod hinaus zu dokumentieren. Biblische Wendungen wie „ruhen mit den Vätern" (z. B. Gen 47,30; 1 Kön 2,10) oder „vereint mit seinen Vorfahren" (z. B. Gen 25,8.17; 35,29; 49,29) dürften sich auf diese Praktiken der Primär- und Sekundärbestattung in Kammergräbern beziehen. Eine Variante des

Kammergrabs bestand darin, statt umlaufender Bänke einzelne Schiebestollen in den Fels zu hauen (die so genannten *loculi* oder *kochim*). Ein solcher Schiebestollen ermöglichte eine individuelle Ruhestätte für jeden einzelnen Toten der Familie. War diese Familie entsprechend begütert, so konnte die Grablege nach außen architektonisch ausgestaltet werden, auch mit Nebenräumen, Fassadengestaltungen, Parkanlagen. Ging der Platz zu Ende, wurden die Knochenüberreste aus früheren Bestattungen abgeräumt und in Repositorien oder Ossuaren endgültig beigesetzt.

Eine zweite Grabform, die neben den Kammergräbern bestand, war das so genannte *Senkgrab*. Hier wurde ein bis zu zwei Meter tiefer Schacht gegraben und dann der Tote am Ende des Schachtes oder in einer links oder rechts davon eingelassenen Nische beigesetzt. Stein- oder Lehmziegelplatten deckt den Toten ab. Danach wurde der Schacht sorgfältig zugeschüttet und durch einen Steinhaufen gekennzeichnet. Ein solches Grab wurde nicht mehr geöffnet, daher war dieser Grabtyp nur zur einmaligen Primärbestattung eines Individuums geeignet. Allerdings ist festzustellen, dass Senkgräber durchaus in Gruppen auftreten, bis hin zu Feldern mit bisweilen mehreren Hundert Gräbern. Sie sind also kein Zeichen für „Individualismus" gegenüber der Bestattung innerhalb der Großfamilie in den Kammergräbern.

Mit der Bestattung selbst ist der Vorgang der Sorge für den Toten aber keineswegs abgeschlossen. Zwar kann man im Judentum nicht von einem Totenkult sprechen, wohl aber von einer Art „Totenpflege". Man fand unter den Grabbeigaben unter anderem zahlreiche Öllämpchen, die dem Verstorbenen helfen sollt, sich im dunklen Reich der Schatten (Scheol) zurecht zu finden, sowie Reste von Nahrungsmitteln. Alles, was in diesem Leben nötig und angenehm war, sollte der Tote auch in der Unterwelt parat haben. Diese Grabbeigaben zeigen, dass man sich nicht vorstellen konnte, „mit dem Tod sei alles aus". Zugleich aber ist daraus nicht unmittelbar der Glaube an ein „Weiterleben" abzuleiten, denn die Existenz im Totenreich der Scheol war kein „Leben". Dennoch, so stellte man es sich wohl vor, konnten die wichtigen Dinge des alltäglichen Lebens auch und gerade dort von Nutzen sein. Auffallend viele Kochtöpfe und Keramik zum Aufbewahren von Nahrungsmitteln zeigen, dass den Toten Speisen mitgegeben wurden bzw. dass die Hinterbliebenen bei den Toten Mähler abhielten. Um den sicher unerträglichen Verwesungsgeruch zu übertönen, wurden Parfumfläschchen eingesetzt.

Es ist festzuhalten, dass die Vorgänge um den Tod und die Bestattung eines Menschen sehr ernst genommen wurden und mit großer Sorgfalt die jeweils vertrauten und überlieferten Rituale und Handlungen durchgeführt wurden. Diese zwar zeit- und kulturbedingt wechselnden Bräuche waren keineswegs beliebig, sondern wichtige Elemente, um mit dem Tod als allgegenwärtige existenzielle und unausweichliche Bedrohung allen Lebens umgehen zu können. All diese Bemühungen zeigen, dass der Tod nie nur als Ende einer physischen Existenz gesehen wurde, sondern immer auch als umfassende Chiffre für alles, was das Leben des Menschen bedroht und beeinträchtigt. Grube und Grab als Manifestationen des Todes werden zum Bild, um vielfältige Erfahrungen der Gewalt, der Gefährdung, der Verfolgung, der Krankheit und der Depression in Sprache zu fassen. Insbesondere die Psalmen entfalten hier eine ganz andere Rede vom Tod und über den Tod als die erzählenden Texte.

Dem Tode nahe – vom Tod errettet

Die Bedrohung durch den vorzeitigen, gewaltsamen Tod

Die in der erzählenden Literatur begegnende Selbstverständlichkeit und Natürlichkeit des Todes (in der Regel am Ende eines erfüllten Lebens) ist nur ein Aspekt. Ein anderer ist der des vorzeitigen Todes durch Krankheit oder Gewalt; dieser Tod wird als ständige Bedrohung erfahren. Eine ganze Reihe von Klagegebeten artikuliert diese Erfahrung der Todesnähe. Sie kann einerseits darin bestehen, dass Feinde den Beter verfolgen, ihm buchstäblich nach dem Leben trachten, sei es mit der Absicht zum blanken Mord sei es zur Ruinierung durch ein (aus der Sicht des Verfolgten ungerechtes) Gerichtsverfahren. Man muss sich dabei klar machen, dass die heutigen rechtsstaatlichen Verhältnisse und die Situation einer relativ stabilen öffentlichen Sicherheit (durch Polizei etc.) für die altorientalischen Verhältnisse der biblischen Texte nicht zutreffen. Zwar war der Raum nicht völlig rechtsfrei und chaotisch, doch gab es genug Gelegenheiten, ungerechte und lebensgefährliche Verfolgung zu erleiden. Als Identifikationsfigur bietet etwa Psalm 18 in seiner biographischen Überschrift die Person Davids an: „Von David, dem Knecht des Herrn, der dem Herrn die Worte dieses Liedes sang an dem Tag, als ihn der Herr aus der Gewalt all seiner Feinde und aus der Hand Sauls errettet hatte". Die Verfolgung Davids wird hier zum Muster, mit dem sich alle ungerecht Verfolgten identifizieren können. Der Text bietet an, sich in der Erfahrung der Todesnähe wiederzufinden (Ps 18,5-6):

Mich umfingen die Fesseln des Todes,
mich erschreckten die Fluten des Verderbens.
Die Bande der Unterwelt umstrickten mich,
über mich fielen die Schlingen des Todes.

Die gewaltsame Verfolgung wird durch Übertreibung gesteigert, die Nähe und Bedrohung des Todes durch die Metaphern „Fesseln, Bande, Schlingen" ausgedrückt. In diese Bilder kann der individuelle Betende gedanklich alle Machenschaften hineinlegen, durch die er sich zu Tode bedroht fühlt. In Ps 18 wird die Klage im Rückblick formuliert. Eine ganze Reihe von Texten spricht von akuter Not, von einer Verfolgung, die den Beter in die Nähe des Todes bringt (Ps 17,8-12):

Behüte mich wie den Augapfel, den Stern des Auges,
birg mich im Schatten deiner Flügel
vor den Frevlern, die mich hart bedrängen,
vor den Feinden, die mich wütend umringen.
Sie haben ihr hartes Herz verschlossen,
sie führen stolze Worte im Mund,
sie lauern mir auf, jetzt kreisen sie mich ein;
sie trachten danach, mich zu Boden zu strecken,
so wie der Löwe voll Gier ist zu zerreißen,
wie der junge Löwe, der im Hinterhalt lauert.

Erneut wird ein Bild gebraucht: Der Löwe steht als todbringendes Tier als Symbol für die tödliche Gefahr, in der sich der Betende befindet. Wieder kann eine Fülle konkreter Situationen mit diesem Bild assoziiert werden. Hier liegt die Chance der Psalmen zur Aktualisierung – klar ist damit aber auch, dass nicht mehr bestimmt werden kann, in welcher Situation und zu welchem Anlass der Psalm entstanden ist.

Die Bedrohung durch den vorzeitigen Tod durch Krankheit

Häufiger als die tödliche Bedrohung durch Gewalt ist die Erfahrung der Todesnähe im Krankheitsfall. Die Krankheit ist wohl *der* Anlass zu Klage und Gebet schlechthin. Dabei ist es schwer, aus den Schilderungen konkrete Leiden zu entnehmen, da auch lokal begrenzte Beschwerden immer dazu führen, dass sich der ganze Mensch an Leib und Seele geschwächt fühlt. Führt man sich vor Augen, dass eine heute selbstverständliche medizinische Grundversorgung und auch ein allgemeines Wissen über Krankheiten zur Zeit der Abfassung der Psalmen nicht gegeben waren, wird klar, dass eine Krankheit immer auch als radikale Bedrohung des Menschen empfunden und dargestellt wurde. Dabei lehrt der Blick auf die Klagetexte auch, dass zur körperlichen Not stets weitere Krisen hinzukommen: zum einen die Anfeindung, die der Kranke durch seine Umwelt erfährt, da seine Gegner wie seine Verwandten und Freunde die Krankheit stets auf eine Schuld des Kranken oder seiner Vorfahren zurückführen, zum anderen das Gefühl der Gottverlassenheit, das aufkommt, weil Gott die Hilferufe des Beters nicht zu hören scheint und keine Perspektive auf eine Besserung besteht. In der Klage kann dies auch als Zorn Gottes gedeutet werden. Körperliche und seelische Krankheit, dadurch bedingte Anfeindung und die empfundene Gottverlassenheit bzw. der Zorn Gottes bedingen, dass das Leben des Beters eigentlich kein Leben mehr ist, und so beschreibt er sich als einen, der ins Grab hinabsinkt (vgl. Ps 88,5). In Ps 6, 2-8 ist dies auf engstem Raum beschrieben:

[2]*Herr, strafe mich nicht in deinem Zorn*
und züchtige mich nicht in deinem Grimm!
[3]*Sei mir gnädig, Herr, ich sieche dahin;*
heile mich, Herr, denn meine Glieder zerfallen!
[4]*Meine Seele ist tief verstört.*
Du aber, Herr, wie lange säumst du noch?
[5]*Herr, wende dich mir zu und errette mich,*
in deiner Huld bring mir Hilfe!
[6]*Denn bei den Toten denkt niemand mehr an dich.*
Wer wird dich in der Unterwelt noch preisen?
[7]*Ich bin erschöpft vom Seufzen,*
jede Nacht benetzen Ströme von Tränen mein Bett,
ich überschwemme mein Lager mit Tränen.

⁸Mein Auge ist getrübt vor Kummer,
ich bin gealtert wegen all meiner Gegner.

Ursache für die Not des Beters ist der Zorn Gottes (V.2), dessen Wirkung ist eine – nur ganz allgemein beschriebene – Krankheit (V.3), die auch seelische Aspekte hat (V.4a; 7) und gegnerische Anfeindung mit einschließt (V. 8). Auf die klagende Frage (V.4b) folgt die Bitte um Wahrnehmung und Hilfe (V.5ab). Dass sich der Beter tatsächlich dem Tod nahe fühlt, zeigt sein Argument in V.6: Die mehrfach belegte Aussage, dass die Toten Gott nicht (mehr) loben (vgl. Ps 88,11-13; 115,17; Jes 38,18f.), unterstellt hier, dass der Beter auf dem Weg zum Totenreich ist und Gott befürchten muss, einen ihn Preisenden zu verlieren. Diese Argumentation ist sehr menschlich, in der verzweifelten Stimmung des Gebets jedoch mehr als verständlich.

An dem in Ps 6,6 eindeutig ausgedrückten Motiv, dass die Toten in der Unterwelt nicht mehr an Gott denken und Gott nicht preisen, ist erkennbar, dass man sich wohl schon eine Weiterexistenz nach dem irdischen Tod in einem Totenreich (Unterwelt) vorstellte. Doch diese Existenz ist kein Leben, sie ermöglicht nicht mit Gott oder der Welt der Lebenden in Verbindung zu treten.

Eine ähnliche Begrifflichkeit wie in den Klageliedern wird im Danklied verwendet, nun aus anderer Perspektive: Die Betenden danken Gott, dass er sie aus dem Reich des Todes, wo sie sich in ihrer Not bereits wähnten, heraufgeholt hat. Mit diesem drastischen Bild wird die Errettung aus tödlicher Gefahr konkret gemacht. Einschlägiges Beispiel ist Ps 30,2-5:

Ich will dich rühmen, Herr,
denn du hast mich aus der Tiefe gezogen
und lässt meine Feinde nicht über mich triumphieren.
Herr, mein Gott, ich habe zu dir geschrieen
und du hast mich geheilt.
Herr, du hast mich herausgeholt aus dem Reich des Todes,
aus denen, die zur Grube hinabfahren, mich zum Leben gerufen.
Singt und spielt dem Herrn, ihr seine Frommen,
preist seinen heiligen Namen!

Der hebräische Begriff für das „Reich des Todes" ist „Scheol": Dieses schreckliche Wort wird in den Klageliedern eher vermieden (die Betenden sind der Unterwelt [Scheol] nur „nahe", vgl. Ps 88,4; 141,7). In den Dankliedern dagegen wird es mit umso größerer

Erleichterung verwendet (vgl. Ps 9,18; 16,10; 86,13; 116,3). Ein häufig begegnendes Synonym für das Totenreich ist die Grube, die das Grab meint (vgl. Ps 28,1; 40,3; 88,5; 143,7; Spr 1,12 u.ö.). Festzuhalten bleibt, dass die Danklieder in ihrer Begrifflichkeit der Klage entsprechen. So wird etwa die Klage in Ps 22,16 auf den Punkt gebracht: ... *du legst mich in den Staub des Todes* – und ebenso klar kann in Ps 56,14 gedankt werden: ... *du hast mein Leben dem Tod entrissen* (vgl. Ps 116,8).

Nachdenken über den Tod

Der Tod hat das letzte Wort – Ijob

Die Bibel bietet nicht nur existenzielle Auseinandersetzungen mit dem Tod und drohender Todesgefahr, wie sie sich in der Sprache der Klage- und Dankpsalmen niedergeschlagen hat, sondern auch eher „philosophische" Reflexionen über den Tod und das Todesschicksal des Menschen. In den drängenden Klagen des Ijob-Buches findet sich eine Passage, in der sich der Blick auf das Ergehen des Menschen, der dem Tod nicht entrinnen kann, weitet. Doch selbst daraus muss Ijob Gott einen Vorwurf machen. Ein Motiv, das an vielen anderen Stellen auch auftaucht (vgl. Ps 90,3-7; 103,15-16; Jes 40,7; 1 Petr 1,24), ist die Vergänglichkeit des Menschen, die Ijob 14,1-2 so festgestellt:

Der Mensch, vom Weib geboren, knapp an Tagen, unruhvoll, er geht wie die Blume auf und welkt, flieht wie ein Schatten und bleibt nicht bestehen.

Ijob meint, dass diese Vergänglichkeit doch ein Grund wäre, dass Gott den Menschen in Ruhe lassen könnte, doch Gott behält dieses arme, vergängliche Wesen streng im Auge, lässt nicht von ihm ab und bringt ihn ins Gericht (14,3-6). Ijob betont nochmals durch eine Gegenüberstellung zweier Bilder, dass der Mensch im Unterschied zur Natur, die stets ein neues Aufleben kennt, keine Aussicht über den irdischen Tod hinaus hat (14,7-12):

Denn für den Baum besteht noch Hoffnung, ist er gefällt, so treibt er wieder, sein Sprössling bleibt nicht aus. Wenn in der Erde seine Wurzel altert und sein Stumpf im Boden stirbt, vom Dunst des Wassers sprosst er wieder und wie ein Setzling treibt er Zweige.

Doch stirbt ein Mann, so bleibt er kraftlos,
verscheidet ein Mensch, wo ist er dann?
Die Wasser schwinden aus dem Meer,
der Strom vertrocknet und versiegt.
So legt der Mensch sich hin, steht nie mehr auf; die Himmel werden
vergehen, eh er erwacht, eh er aus seinem Schlaf geweckt wird.

Der Tod hat das letzte Wort, es besteht keinerlei Hoffnung auf
Rettung oder Auferstehung.

Der Tod ist ein gerechter Mann – Kohelet

Das Schicksal des Todes hat der Mensch mit dem Tier gemeinsam,
das betont Kohelet, der „späte" Weisheitslehrer des Alten Testa-
ments (2. Hälfte des 3. Jh. v. Chr.) in besonderer Weise (Koh 3,19-21):
Denn jeder Mensch unterliegt dem Geschick und auch die Tiere un-
terliegen dem Geschick. Sie haben ein und dasselbe Geschick. Wie diese
sterben, so sterben jene. Beide haben ein und denselben Atem. Einen
Vorteil des Menschen gegenüber dem Tier gibt es da nicht. Beide sind
Windhauch. Beide gehen an ein und denselben Ort. Beide sind aus
Staub entstanden, beide kehren zum Staub zurück. Wer weiß, ob der
Atem der einzelnen Menschen wirklich nach oben steigt, während der
Atem der Tiere ins Erdreich hinabsinkt?

Diese Erkenntnis ist natürlich besonders für diejenigen bitter,
die sich um ein gottgefälliges Leben und um Erkenntnis und
Weisheit bemühen. Kohelet fragt frustriert (2,16): „Wie ist es möglich, dass der Gebildete ebenso sterben muss wie der Ungebilde-
te?" Und folgert entsprechend (2,17): „Da verdross mich das Leben". Kohelet dringt aber über seine Verdrießlichkeit hinaus und
hält in dem bekannten Gedicht über die Zeit als unumstößliche
Tatsache fest (3,1-2): „Für jedes Geschehen unter dem Himmel gibt
es eine bestimmte Zeit: eine Zeit zum Gebären und eine Zeit zum
Sterben, ..." Der Gedanke des Todes lässt Kohelet jedoch nicht los,
denn gerade der Tod ist es, der jeglichen menschlichen Gewinn (ein
Leitwort bei Kohelet!) in Frage stellt. In seinen Reflexionen ist
Kohelet mitunter widersprüchlich, und gerade das zeigt die Weite
seines Denkens. Angesichts von Ausbeutung, Verarmung und Gewalt scheint es besser tot als lebendig zu sein, oder noch besser,
überhaupt nicht geboren zu sein, so dass man das schlimme Tun

unter der Sonne nicht mit ansehen muss (4,1-3); mitunter scheint auch der Tag des Todes besser als der Tag der Geburt (7,1). Umgekehrt gibt es aber für die Lebenden noch Gestaltungsmöglichkeiten, so dass man sagen kann: „Ein lebender Hund ist besser als ein toter Löwe" (9,4). Immerhin haben die Lebenden noch die Möglichkeit, ihr Todesschicksal zu erkennen, und diese Erkenntnis schließt eben die positive Gestaltung dessen ein, was einem im Leben an guten Gaben zufällt. Nur die Toten erkennen nichts mehr, sie erhalten keine Belohnung, für sie gibt es keine Erinnerung, sie versinken in der Vergessenheit (9,5). Aus all diesen Überlegungen schlussfolgert Kohelet seine wunderbaren und oft zitierten Ratschläge, die angenehmen Seiten des (begrenzten) Lebens, die einem zufallen, zu nützen und zu genießen, ganz im Sinne des antiken (und heute wohl auch gültigen) *carpe diem* (9,7-10):

Also: Iss freudig dein Brot und trink vergnügt deinen Wein; denn das, was du tust, hat Gott längst so festgelegt, wie es ihm gefiel. Trag jederzeit frische Kleider und nie fehle duftendes Öl auf deinem Haupt. Mit einer Frau, die du liebst, genieß das Leben alle Tage deines Lebens voll Windhauch, die er dir unter der Sonne geschenkt hat, alle deine Tage voll Windhauch. Denn das ist dein Anteil am Leben und an dem Besitz, für den du dich unter der Sonne anstrengst. Alles, was deine Hand, solange du Kraft hast, zu tun vorfindet, das tu! Denn es gibt weder Tun noch Rechnen noch Können noch Wissen in der Unterwelt, zu der du unterwegs bist.

In die gleiche Richtung geht das große Schlussgedicht des Buches Kohelet über das Thema „Jugend, Alter, Tod" (11,9-12,7). In Verbindung mit vielen anderen Aussagen des Alten Testaments erkennt Kohelet, dass der Tod zwar das Ende des Lebens ist, dass der Tod aber aufgrund der Gewissheit und Unausweichlichkeit letztlich seinen Schrecken verloren hat. Diese Einsicht ermöglicht es dem Weisen, gelassener über den Tod und das Leben nachzudenken. Gelegentlich finden sich durchaus auch positive Sichtweisen des allgemeinen Todesschicksals, denn der Tod als der große Gleichmacher hebt Ungerechtigkeiten zwischen Menschen, z. B. zwischen Reich und Arm, auf. Da mutet es fast als ein Trost an, wenn Ps 49,17-21 festhält:

Lass dich nicht beirren, wenn einer reich wird
und die Pracht seines Hauses sich mehrt;
denn im Tod nimmt er das alles nicht mit,
seine Pracht steigt nicht mit ihm hinab.

Preist er sich im Leben auch glücklich und sagt zu sich:
„Man lobt dich, weil du dir's wohl sein lässt",
so muss er doch zur Schar seiner Väter hinab,
die das Licht nie mehr erblicken.
Der Mensch in Pracht, doch ohne Einsicht,
er gleicht dem Vieh, das verstummt.

Hier wird der Todesverfallenheit des Menschen der positive Aspekt abgewonnen, dass, wie der Volksmund sagt, das letzte Hemd keine Taschen hat und man eben nichts mitnehmen kann, dass also irdischer Reichtum im Blick auf das Ende des Menschen in der Unterwelt (die *Schar seiner Väter*) letztlich nichts zählt.

Denkerische Distanz zum Tod – Jesus Sirach

Dieser Gedanke ermutigt Ben Sira (Jesus Sirach), den Weisheitslehrer nach Kohelet (um 175 v.Chr.), nicht nur wie Kohelet den Genuss der irdischen Güter anzuraten, sondern auch die Freude mit Freunden zu teilen (Sir 14,11-16):

Mein Sohn, wenn du imstande bist, pflege dich selbst; so weit du kannst, lass es dir gut gehen! Denk daran, dass der Tod nicht säumt und die Frist bis zur Unterwelt dir unbekannt ist. Bevor du stirbst, tu Gutes dem Freund; beschenk ihn, so viel du vermagst. Versag dir nicht das Glück des heutigen Tages; an der Lust, die dir zusteht, geh nicht vorbei! Musst du nicht einem andern deinen Besitz hinterlassen, den Erben, die das Los werfen über das, was du mühsam erworben hast? Beschenk den Bruder und gönn auch dir etwas; denn in der Unterwelt ist kein Genuss mehr zu finden.

Den Blick auf den Tod, der ein sicheres, unausweichliches Schicksal ist (41,1-13), kann der Weisheitslehrer Ben Sira fast bis ins Ironische steigern (22,11): „Über einen Toten weine, denn das Lebenslicht erlosch ihm; über einen Toren weine, denn die Einsicht erlosch ihm. Weniger (wörtlich: Freudig) weine über einen Toten, denn er ruht aus; das schlechte Leben des Toren ist schlimmer als der Tod." Trauert man um einen Toten sieben Tage, so muss man ein Leben lang über einen Toren und schlechten Menschen trauern (22,12). Eine solche Einstellung zeigt einerseits eine gehörige Distanz zum Thema „Tod": Da der Tod ein festgelegtes, regelhaftes Schicksal eines jeden ist, ist die Furcht vor dem Tod abzulehnen (41,3). Andererseits sieht man auch, wie ernst der Weisheitslehrer menschliches Fehlverhalten wertet: Es sei schlimmer als der Tod.

Dem Tod entkommen? – Die Sprichwörter

Im Nachdenken der Weisheit (Ijob, Kohelet, Jesus Sirach) steckt letzten Endes fast immer der Versuch, den Tod als ein jedem Menschen – früher oder später – erwartendes Schicksal gedanklich zu bewältigen. Man kann seine Unausweichlichkeit betonen oder die positiven Möglichkeiten vor dem Tod nützen, man kann den Tod als höhere Gerechtigkeit sehen, die die ungerechte Verteilung von Reichtum relativiert oder törichtes menschliches Verhalten schlimmer werten als den Tod. Das weisheitliche Nachdenken versucht dem Tod zu entkommen – anders als die Klagetexte des Psalters, die sich in voller Offenheit der akuten Gefahr stellen. Die Frage, wie man dem Tod letztlich entkommen kann – wenigstens gedanklich! – stellen sich auch die Sprichwörter. An mehreren Stellen begegnet man der Gegenüberstellung von „Unrecht/Frevel" und „Gerechtigkeit" in Verbindung mit dem Tod. Die erste salomonische Spruchsammlung (Spr 10,1-22,16) führt eine Reihe solcher Gegenüberstellungen auf, unter denen sich auch ein bekanntes Sprichwort befindet (Spr 10,2):
Unrecht Gut gedeiht nicht, Gerechtigkeit aber rettet vor dem Tod.

Im hier diskutierten Zusammenhang interessiert natürlich die Frage, welchen Tod man sich vorstellen muss. Bedenkt man die vorher erwähnte Tatsache, dass auch Gerechte sterben müssen (vgl. Ps 49,11), so könnte man hier den „bösen Tod" unterstellen, den früh- oder vorzeitigen, gewaltsamen oder durch Krankheit bedingten Tod. Mit den oben vorgestellten Klagepsalmen könnte man auch an ein Leben denken, das keines mehr ist, weil es von Verfolgung, Krankheit oder Gefangenschaft gekennzeichnet ist und so auf eine dem Tode nahe Existenz reduziert wurde. Davor rettet die „Gerechtigkeit", die dem „ungerechten Gut" gegenübersteht und damit sowohl als redliches Erwerben von Besitz als auch als barmherziges Abgeben vom eigenen Gut zu verstehen ist. Diesen Gedanken betont vor allem Tob 12,9, wo an die Stelle von Gerechtigkeit „Barmherzigkeit" gesetzt wird, griechisch *eleēmosýnē*, wovon das Wort Almosen kommt.

Diese Vorstellung wirkt im Judentum und Christentum weiter: Im jüdischen Talmud (bShab 156b) steht der Satz „Die Wohltat errettet vom Tode, und nicht nur von einem unnatürlichen Tode, sondern auch vom natürlichen Tod". Gemeint ist damit – wie das an zwei Beispielgeschichten illustriert wird – die Rettung vor einem immer möglichen zufälligen natürlichen Tod wie dem durch einen Schlangenbiss. In der einen Geschichte wird ein Mann vor einem Schlangenbiss bewahrt, weil er sein Brot mit einem anderen teilte, und zwar heimlich, um den anderen in der Tischgemeinschaft ob dessen Armut nicht zu beschämen. In der anderen Geschichte wird eine Tochter Rabbi Aqibas, der man für den Tag der Hochzeit den Tod durch Schlangenbiss prophezeit hatte, auf wunderbare Weise vor dieser Schlange bewahrt. Der Grund dafür liegt, so die Deutung, in ihrem Tun: Sie gab einem Armen, der während der Mahlzeit an die Tür klopfte, ihre eigene Portion zu essen. Beide Male wird das Tun als Wohltat qualifiziert und der allgemeine Schluss gezogen, dass die Wohltat vor dem Tod, und zwar auch vom natürlichen Tod, errettet.

Im Neuen Testament verbindet Mt 6,1-4 die Begriffe Gerechtigkeit, Almosen und göttliche Vergeltung: „Dein Almosen soll verborgen bleiben und dein Vater, der auch das Verborgene sieht, wird es dir vergelten".

In eine ähnliche Richtung wie die gerade genannten Sprüche (vgl. Spr 10,2; 11,4.19; 12,28) geht Spr 19,16:

Wer (Gottes) Gebot bewahrt, bewahrt sein Leben,
wer seine Wege verachtet, muss sterben.

Wieder geht es darum, dass derjenige vorzeitig zu Tode kommt, der Gottes Wege verachtet (Spr 10,21b; 15,10). Ein vorzeitiger Tod oder eine Existenz unter Verfolgung und Krankheit dienen damit als Sanktion und drohende Strafe für den, der keine Gerechtigkeit übt und von Gottes Gebot abweicht.

Überwindung des Todes – Spuren im Alten Testament

Bei der Suche nach der Vorstellung einer tatsächlichen Überwindung des Todes, einer Auferstehung der Toten, eines Lebens nach dem Tode im Alten Testament stößt man allenfalls in späten Texten auf wenige Spuren. Wann genau die Vorstellung einer Beziehung zwischen Gott (JHWH) und den Toten aufkam, ist schwierig zu sagen. Erst ab der zweiten Hälfte des 4. Jh.s v. Chr. werden andere Stimmen laut, die die Überschreitung der Todesgrenze ausdrücklich ansprechen. Vergleichsweise spät stößt Israel zu der Erkenntnis vor, dass die Toten entgegen der traditionellen Position JHWH doch loben (B. Janowski).

Wie sollte sich der Glaube Israels damit abfinden, dass Menschen, die der Todeswelt anheimfallen, auch von ihrem Gott Abschied nehmen müssen? Gottes Herrschaft musste auf die Scheol übergreifen, in sie eindringen, ihr entreißen, was sie sich als Beute angeeignet hatte. Sie musste schließlich die Todeswelt selbst überwinden. Man kann im Alten Testament den aufregenden Erkenntnisprozess verfolgen, wie einzelne Psalmenbeter und Weisheitslehrer schrittweise zu einer immer tieferen Einsicht in das Wesen und die Wahrheit des den Tod überwindenden Gottes gelangten (G. Kittel).

Liest man mit F. Crüsemann Ps 88,11-13 als echte Anfragen an Gott, so könnte man die Vorstellung, dass Gott Macht über die Toten hat, schon etwas früher ansetzen. Weil sich der Beter des Psalms schon als Toter fühlt, kann er sich seine Rettung nur noch als ein Wunder Gottes an einem Toten vorstellen. Damit setzt dieser Text bereits grundsätzlich voraus, dass Gott die Macht über die Totenwelt und die in der Scheol existierenden Schatten hat. Im Zuge des Vorgangs, dass JHWH, der Gott Israels, ab dem 8. Jh. v. Chr. mehr und mehr die Herrschaftsbereiche der kanaanäischen Gottheiten als einziger Gott übernommen hat, hat er auch den Kompetenzbereich des Todesgottes Mot an sich gezogen. Dies zeigt sich auch in den Geschichten von Elija und Elischa, die aus der Bewegung kommen, die die alleinige Verehrung JHWHs propagierte: In diesen Texten wird auffällig häufig von einem Handeln Gottes erzählt, das den Tod überwindet (siehe S. 25 ff). Wenn aber schon für diese frühe Zeit angenommen wird, dass Gott Macht über die Scheol und die in ihr existierenden Schatten habe, dann stellt sich die Frage, ob Gott auch von dieser Macht Gebrauch macht. Genau hier setzen die Fragen von Ps 88,11-13 an. Noch besteht nur die *Möglichkeit* Gottes, solches zu tun – eine tatsächliche Verheißung oder eine Zusage gehört erst einer späteren Zeit an. Die religionsgeschichtliche Entwicklung des Glaubens an die Auferstehung der Toten ist wohl komplizierter als die plumpe Annahme, das „Alte Testament" kenne keine Auferstehung der Toten. Der erste Schritt dazu, nämlich die Überzeugung, dass Gott auch Macht über den Bereich der Totenwelt (Scheol) habe, dürfte in bestimmten Kreisen schon relativ früh aufgetreten sein, insbesondere dort, wo man JHWH allein verehrte. Doch daraus folgt noch nicht sofort der sichere Glaube an die Auferstehung der Toten – vielmehr steht zunächst die Frage im Raum: Wenn Gott prinzipiell die Macht über die Toten hat, wird er dann die Toten wieder zum Leben erwecken?

Wiederbelebtes Totengebein – Ezechiel 37

Ein beeindruckender Text ist die Vision des Propheten Ezechiel vom wiederbelebten Totengebein in Ez 37,1-14. Dem Propheten wird der Anblick bis auf die Knochen völlig verwester menschlicher Körper zugemutet und dann die Frage gestellt: „Menschensohn, können diese Gebeine wieder lebendig werden?" Die Antwort des Menschen Ezechiel zeigt seine Skepsis: „Herr und Gott, das weißt nur du". Die Vision fährt fort mit der Wiederbelebung des toten Gebeins mit Fleisch, Sehnen und schließlich Lebensgeist. Bei aller Dramatik ist zu beachten, dass es sich „nur" um eine Vision handelt und von daher die Worte Gottes – „Ich öffne eure Gräber und hole euch, mein Volk, aus euren Gräbern herauf. Ich bringe euch zurück in das Land Israel" – als bildhafte Sprache zu verstehen sind, die nicht an physisch Tote gerichtet sind, sondern an die zu Tode verzweifelten, ins babylonische Exil verschleppten Juden. Die Ezechielvision ist also nicht als eine Massenauferstehung von Toten aufzufassen, sondern als drastisches Bild für die verzweifelte Lage des Volkes und das machtvolle, dramatische Rettungshandeln Gottes in Gestalt der Wiederherstellung Israels als Nation. Doch als Spur bleibt festzuhalten, dass das Bild nur dann funktioniert und seine Botschaft freisetzt, wenn Gott die Macht zugetraut wird, den Tod zu überwinden, auch wenn sich das nie buchstäblich in der so geschilderten Weise ereignen wird.

Gott wird mich loskaufen – Die Psalmen

An zwei Psalmstellen leuchtet eine ähnliche Vorstellung kurz auf. Ps 22, der Klagepsalm, der mit einem euphorischen Danklied schließt, versteigt sich am Ende in die Worte (Ps 22,30):
Vor ihm allein sollen niederfallen die Mächtigen der Erde,
vor ihm sich alle niederwerfen, die in der Erde ruhen.

Sollten die Toten also doch Gott loben können (entgegen der oben mehrfach genannten Psalmstellen)? Auf diese „anstößige" Stelle antwortet eine Glosse, deren Text sehr dunkel und versuchsweise so zu übersetzen ist: „Und ist einer selbst nicht mehr am Leben, so wird Nachkommenschaft ihm (Gott) dienen!" (F.-L. Hossfeld). Die Korrektur besteht darin, dass nicht der physische Tod des Einzelnen überwunden wird – ein „Weiterleben" gibt es allenfalls in seinen Nachkommen. Die zweite Stelle, die eine persönliche Hoffnung auf eine Gemeinschaft mit Gott über den Tod hinaus formuliert, ist Ps 49,16:

> Doch Gott wird mich loskaufen aus dem Reich des Todes,
> ja, er nimmt mich auf.

Losgelöst vom Kontext sieht dieser Satz aus wie ein bildhafter Ausdruck für die Rettung vor einem vorzeitigen Tod (wie etwa Ps 30,4). Doch im gesamten Psalm geht es um den menschlichen Tod (und zwar den Tod aller, Reicher wie Armer, keiner kann sich loskaufen). Vor dem Hintergrund dieses Kontextes kann Ps 49,16 wohl ebenso als Hoffnung über den physischen Tod hinaus gelesen werden. Diese Hoffnung zeigt sich auch in dem unscheinbaren Wort „aufnehmen", das auch für die Entrückung der gottgefälligen Gestalten Henoch (Gen 5,24) und Elija (2 Kön 2,3.5.9–10) verwendet wird. Wurden Henoch und Elija zu Lebzeiten „aufgenommen", so hofft der Beter darauf, dass Gott die Gemeinschaft mit ihm auch nach seinem irdischen Tod aufrecht erhält und endgültig vollendet. Eine ähnlich formulierte Hoffnung ist in Ps 73,24 zu finden: „Du leitest mich nach deinem Ratschluss und nimmst mich am Ende auf in Herrlichkeit". Gegenüber der drastischen Bildsprache von Ez 37 bleiben die Psalmstellen 49,1 und 73,24 aber sehr zurückhaltend und liefern keine konkreten Vorstellungen, wie das „Loskaufen aus dem Reich des Todes" aussehen könnte.

Die Toten werden leben – Jesaja

Ähnlich problematisch wie die beiden Psalmverse sind zwei Stellen im Jesaja-Buch, die zu späten, endzeitlich geprägten Texten gehören. Die so genannte Jesaja-Apokalypse (Jes 24–27; entstanden um 300 v. Chr.) ist durch prophetische Ankündigungen über das künftige Schicksal der Welt und die Rettung Israels geprägt. Eines der vielen Bilder, die zur Illustration dieser Botschaft verwendet wird, ist das endzeitliche Festmahl auf dem Berg Zion (Jerusalem) in Jes 25,6-8. Der Text lautet in einer Arbeitsübersetzung:

> [6]*Und es wird machen JHWH Sabaot für alle Völker auf diesem Berg
> ein Festmahl mit fetten Speisen,
> ein Festmahl mit ausgegorenen Weinen,
>   mit markigen, fetten Speisen,
>   mit ausgegorenen, gefilterten Weinen.*
> [7]*und er wird verschlingen
> auf diesem Berg
> die Vorderseite/Gestalt der Hülle, die alle Völker verhüllt,
> und die Decke, die alle Nationen bedeckt.*
> [8]*Er wird den Tod für immer verschlungen haben.
> Und es wird abwischen Adonay JHWH die Tränen von allen Gesichtern und die Schande seines Volkes wird er wegnehmen von der ganzen Erde.
> Wahrhaftig, JHWH hat gesprochen.*

Jes 25,6-8 spricht von einem Festmahl für die Völker auf dem Berg Zion, und um die Freude der Menschen vollkommen zu machen, betont 8a: „Er [Gott] beseitigt den Tod für immer". Jes 25,8a wiederholt das gleiche Wort für „beseitigen" (wörtlich: „verschlingen") aus dem vorausgehenden Vers 7. Die Verbindung der Beseitigung des Todes mit dem Abwischen von Tränen findet sich auch in Ps 116,8 („Ja, du hast mein Leben dem Tod entrissen, meine Tränen [getrocknet]..."), dort aber noch als Metapher für die Errettung aus Todes*gefahr*, nicht aus dem physischen Tod im Sinne einer Auferstehung.

Das eindrucksvolle Wort von der endgültigen Vernichtung des Todes, das hier als große Verheißung dargestellt wird, ist Ergebnis eines sachlich richtigen und konsequenten Weiterdenkens: Solange Menschen sterben, können Trauer und Leid auf dieser Erde kein Ende nehmen – daher muss für eine vollständige Vollendung des Lebensglücks auch das unentrinnbare Todesschicksal aufgehoben werden. Dennoch ist dieser Satz für das Alte Testament eine Grenzaussage. Erst im Neuen Testament werten Paulus (1 Kor 15,54) und die Offenbarung des Johannes (Offb 21,4) diesen Gedanken weiter aus und formulieren – anknüpfend an die Jesaja-Stelle – die Hoffnung auf eine Verheißung Gottes, die bis heute noch nicht erfüllt ist (s.u., 64 f).

Noch schwerer einzuordnen ist Jes 26,19, wo ausdrücklich von der Auferstehung der Toten die Rede ist (wörtliche Übersetzung nach dem hebräischen Text):

Leben sollen deine Toten, meine Leichen werden aufstehen!
Erwacht und jubelt, ihr Bewohner des Staubes!
Denn Tau der Lichter ist dein Tau,
und die Erde lässt die Schattengeister herausfallen.

Spricht in den ersten beiden Zeilen Gott selbst und antwortet in Zeile 3 und 4 das Volk? 19b wäre dann als eine bekennende Annahme des Heilsorakels durch die Gemeinde zu verstehen. Die knappen Andeutungen und die etwas rätselhafte Sprache lassen darauf schließen, dass Verfasser und erste Leser wohl eine gemeinsame Hoffnung auf eine allgemeine Auferstehung der Toten teilen. Diese Hoffnung steht gegen die Tradition, die sich wenige Verse vorher in 26,14 äußert („Die Toten werden nicht leben, die Verstorbenen stehen nie wieder auf ...") und die an die bereits genannten Stellen Ps 6,6; 88,11-13; 115,17; Jes 38,18f anknüpft. Gemeint sind mit den nie wieder aufstehenden Verstorbenen die fremden Herrschermächte, die Israel zur Entstehungszeit des Textes unterdrücken, aber in der Zukunft, bei der Rettung Israels, von Gott bestraft und endgültig vernichtet werden. *Diese* fremden Gewaltherrscher werden nie mehr aufstehen (26,14), wohl aber „deine Toten", die Toten Gottes, also Israel. Jes 26,19 setzt als Heilsorakel zur Tradition von den nie mehr aufstehenden Toten einen Kontrapunkt: Als Metaphern für das erweckende göttliche Handeln an Israel dienen der belebende Tau (ein wundertätiger Tau aus der Lichtwelt Gottes) und das Herausfallen der Toten (der „Schatten") aus der Erde. Eine andere Übersetzungsmöglichkeit lautet: „Denn dein Tau ist ein Tau der Lichtkräfte: aufs Land der Gespenster lasse ihn niederfallen!" (M. Buber/F. Rosenzweig).

Von der Begrifflichkeit und der Vorstellung her besteht eine enge Beziehung zum Buch Daniel (Dan 12,2): „Von denen, die im Land des Staubes schlafen, werden viele erwachen, die einen zum ewigen Leben, die anderen zur Schmach, zu ewigem Abscheu". Dan 12 beschreibt das endzeitliche Auftreten des Erzengels Michael und erwähnt in diesem Zusammenhang eher beiläufig die Auferstehung der Toten, ebenso beiläufig erhält der Seher in 12,13 die Zusage: „Du aber geh nun dem Ende zu! Du wirst ruhen und am Ende der Tage wirst du auferstehen, um dein Erbteil zu empfangen." Aus Dan 12 wird deutlich, dass die Auferstehungshoffnung schon fester Bestandteil der Tradition geworden ist. Wann und wie es dazu kam, lässt sich nicht mehr genau rekonstruieren.

Gott wird uns auferwecken – 2 Makk 7

Für die Hebräische Bibel hat man also allenfalls eine Handvoll Verse zur Verfügung, die von der Überwindung des physischen Todes im Sinne einer Hoffnung auf Auferstehung sprechen. Dominant ist eher das Wissen darum, dass man dem Tod nicht entrinnen kann und dass die Toten in der Unterwelt als Schatten existieren und Gott nicht loben können, weil sie gänzlich von jedem Zugang zum Leben abgeschnitten sind. Problematisch wurde diese Todes- und Jenseitsvorstellung dann, als die Juden unter der Fremdherrschaft der Perser und der Nachfolger Alexanders des Großen, Ptolemäer (Ägypten) und Seleukiden (Syrien) immer wieder erfahren mussten, dass selbst sehr gerechte und fromme Menschen einen ungerechten und schmählichen Tod erleiden konnten. Ein Höhepunkt war zweifellos die Verfolgung der jüdischen Religion unter dem König Antiochus IV. in der ersten Hälfte des 2. Jh. v. Chr. Im Rückblick darauf entstehen im Frühjudentum Texte, die nicht dem Kanon der Hebräischen Bibel angehören, aber zum christlichen Alten Testament gerechnet werden (in katholischer Tradition werden sie *deuterokanonische*, in protestantischer *apokryphe* Bücher genannt). Sie vertreten in aller Deutlichkeit die Notwendigkeit der Hoffnung auf eine Auferstehung der Toten, die in der Folge des jüdischen Glaubens an den einen und einzigen Gott liegt: Gott, der von Israel unbedingte Treue und Gehorsam fordert und keinen anderen Gott neben sich duldet, kann es nicht ungerührt mit ansehen, wenn die Frommen, die sich ausdrücklich und unverbrüchlich an sein Gebot halten, grundlos und ungerecht verurteilt und hingemetzelt werden. Wenn man den Glauben an den einen gerechten und allmächtigen Gott nicht aufgeben will, muss man der Gerechtigkeit Gottes einen breiteren Raum einräumen, der die Grenze des physischen Todes übersteigt. Gott wird zum Gericht kommen, die leibliche Auferstehung ermöglichen und so den ungerecht Verurteilten und Getöteten Gerechtigkeit verschaffen. Sehr konkret ausgefaltet ist die Tragkraft dieser Hoffnung in der beispielhaften Lehrerzählung von 2 Makk 7: die Martyrerlegende von der Mutter und ihren sieben Söhnen (zu 2 Makk s. S. 103). Die Legende trägt die typischen Merkmale jüdischer Märtyrerzählungen (die Betonung der Standfestigkeit, die gegenseitige Ermutigung, das Festhalten an Gott und seinem Gebot, die Androhung des Gerichts für die Folterer, die Kontrastierung des irdischen Königs mit dem himmlischen Herrscher und die Deutung des Leidens als Sühne für die Sünden) und Elemente der hellenistischen Literatur (der Philosoph als unbeugsamer Gegner des Tyrannen, Erzählungen vom Tode berühmter Männer). Historischer Hintergrund ist das kurzzeitige Verbot der jüdischen Religion unter dem seleukidischen König Antiochus IV. Epiphanes (175–164 v. Chr.), Hintergrund hierfür ist das Gebot des Königs an die Mutter und ihre sieben Söhne, der jüdischen Religion abzuschwören und als Zeichen dafür Schweinefleisch zu essen. Alle bleiben jedoch standhaft. Die Söhne werden vom Ältesten bis zum Jüngsten auf grauenhafte Weise gefoltert und hingerichtet, am Ende wird auch die Mutter getötet. Das Leiden tritt jedoch angesichts der immer länger werdenden Reden der Söhne und der Mutter in den Hintergrund. Dominant bleibt schließlich die Hoffnung auf die Gerechtigkeit Gottes, die auf ein Wort aus der Tora, aus dem Lied des Mose in Dtn 32 aufbaut: „Ja, der Herr wird seinem Volk Recht geben und mit seinen Dienern Mitleid haben" (Dtn 32,36). Weil die Brüder aufgrund der Grausamkeit des Königs dieses Mitleid Gottes nicht in dieser Welt erleben, ergibt sich daraus die Hoffnung auf ein „neues, ewiges Leben", in dem das Erbarmen Gottes konkret wird. So kann der zweite Sohn dem irdischen König und dem Folterer entgegenschleudern: „Du Unmensch! Du nimmst uns dieses Leben; aber der König der Welt wird uns zu einem neuen, ewigen Leben auferwecken, weil wir für seine Gesetze gestorben sind" (2 Makk 7,9). Und der vierte Sohn verbindet mit seinem Bekenntnis eine Verurteilung des Königs: „Gott hat uns die Hoffnung gegeben, dass er uns wieder auferweckt. Darauf warten wir gern, wenn wir von Menschenhand sterben. Für dich aber gibt es keine Auferstehung zum Leben" (7,14). Höhepunkt ist die mehrteilige Rede der Mutter. Sie greift zunächst auf die Schöpfung zurück, betont, dass nicht sie selbst, sondern Gott ihre Söhne geformt hat und dass er daher die Macht hat, ihnen auch nach dem physischen Tod Atem und Leben zurückzugeben (7,22-23). Es ist also nicht nur an eine „Unsterblichkeit der Seele" gedacht, sondern an eine leibliche Auferstehung. Als zweiten tröstlichen Gedanken führt die Mutter für ihren Jüngsten an, dass Gott die Welt aus dem Nichts geschaffen hat (7,28) und daher auch die Macht haben muss, tote Menschen zum Leben zu erwecken. Die abschließende lange

Rede des Jüngsten fasst die gesamte Argumentation nochmals zusammen, darunter auch die Auferstehungshoffnung verbunden mit einem gerechten Gericht über den grausamen König: „Unsere Brüder sind nach kurzem Leiden mit der göttlichen Zusicherung ewigen Lebens gestorben; du jedoch wirst beim Gericht Gottes die gerechte Strafe für deinen Übermut zahlen" (7,36). Die Märtyrerlegende von den sieben Brüdern und ihrer Mutter ist der bekannteste Abschnitt aus dem 2. Makkabäerbuch und hat eine breite Wirkungsgeschichte im Frühjudentum wie auch im frühen Christentum erfahren, wo diese standhaften Juden wie christliche Märtyrer verehrt wurden.

Eine Entsprechung zu 2 Makk 7 ist der Abschnitt 14,37-46: Rasi, ein Ältester in Jerusalem, entzieht sich durch grauenvolle Selbsttötung der Verhaftung durch die Folterknechte des Judenverfolgers Nikanor. Er flieht vor den Soldaten auf einen steilen Felsen: „Fast schon verblutet, riss er sich die Eingeweide aus dem Leib, packte sie mit beiden Händen und schleuderte sie auf die Leute hinunter; dabei rief er den Herrn über Leben und Tod an, er möge sie ihm wiedergeben. So starb er" (14,46). Auch hier spiegelt sich die Hoffnung auf eine leibliche Auferstehung wider. Die Auferstehungshoffnung dieser Kapitel bestimmt das Denken des Apostels Paulus, die Passionsdarstellung des Lukas (Lk 23,42-43: Jesus als Fürbitter: „Heute noch wirst du mit mir im Paradies sein") sowie Offb 20,1-15.

Die Seelen der Gerechten sind in Gottes Hand – Das Buch der Weisheit

Sehr stark von der Hoffnung auf ein Leben nach dem Tode geprägt ist das bereits erwähnte Buch der Weisheit (s. S. 19). Darin taucht die allgemeine Todesverfallenheit des Menschen – ein unumstößliches und klugerweise anzuerkennendes Schicksal – auffälligerweise im Mund der Frevler auf, die Ausschweifung und Machtgier sowie Unterdrückung der Armen und Gerechten daraus ableiten. Ihr Denken wird als Irrtum verurteilt. Und auch auf die Frage, was es denn bedeutet, wenn die Bösen doch siegen und die Gerechten umbringen, oder was es heißt, wenn Frevler und Gerechte in gleicher Weise sterben müssen, findet das Buch der Weisheit eine Antwort (Weish 3,1-4):

Die Seelen der Gerechten sind in Gottes Hand, und keine Qual kann sie berühren. In den Augen der Toren sind sie gestorben, ihr Heimgang gilt als Unglück, ihr Scheiden von uns als Vernichtung; sie aber sind in Frieden. In den Augen der Menschen wurden sie gestraft; doch ihre Hoffnung ist voll Unsterblichkeit.

Hier entwickelt sich gegenüber der früheren Auffassung, ein vorzeitiger Tod sei eine Strafe (Gottes), ein neuer Gedanke: Was in den Augen der (törichten und bösen) Menschen aussieht wie eine Strafe, ist eine Wohltat Gottes (vgl. auch Sir 41,2). Das wird in Weish 4,7-20 vertieft:

Der Gerechte aber, kommt auch sein Ende früh, geht in Gottes Ruhe ein. Denn ehrenvolles Alter besteht nicht in einem langen Leben und wird nicht an der Zahl der Jahre gemessen. . . . Er gefiel Gott und wurde von ihm geliebt; da er mitten unter Sündern lebte, wurde er entrückt. Er wurde weggenommen, damit nicht Schlechtigkeit seine Einsicht verkehrte und Arglist seine Seele täuschte. . . . Früh vollendet, hat der Gerechte doch ein volles Leben gehabt; da seine Seele dem Herrn gefiel, enteilte sie aus der Mitte des Bösen.

Schon an den zitierten Ausschnitten merkt man, dass der Text für das Lebensende des Gerechten das Substantiv „Tod" und das im Griechischen stammverwandte Verb „sterben" vermeidet – stattdessen spricht er von Vollendung und Ruhe, Entrückung und Heimgang. Wieder ist die Tradition vom gerechten Henoch, der frühzeitig entrückt wurde (s.o., Gen 5,24) im Hintergrund, ebenso aber das griechische Denken. Dem griechischen Komödiendichter Menandros (um 300 v. Chr.) wird der Satz zugeschrieben: „Wen die Götter lieben, der stirbt jung". Diesen Satz findet man auch auf Grabinschriften. Das Buch der Weisheit nimmt diesen Gedanken auf, gibt aber nicht nur eine hoffnungsvolle Antwort auf die Frage nach dem vorzeitigen Tod des Gerechten, sondern malt auch aus, wie es nach dem Tode und am Ende der Zeiten aussieht: Im Endgericht verfallen die Frevler totaler Vergessenheit, doch die Gerechten erhalten das ewig gültige Heil (Weish 5,15-16):

Die Gerechten aber leben in Ewigkeit, der Herr belohnt sie, der Höchste sorgt für sie. Darum werden sie aus der Hand des Herrn das Reich der Herrlichkeit empfangen und die Krone der Schönheit. Denn er wird sie mit seiner Rechten behüten und mit seinem Arm beschützen.

Die markanten Aussagen aus dem Buch der Weisheit zur Hoffnung auf Auferstehung stehen – im christlichen Kanon gelesen – sowohl entstehungsgeschichtlich als auch geistesgeschichtlich an der Schwelle zum Neuen Testament, dessen zentraler Inhalt, das Christusgeschehen, die spezifisch christliche Hoffnung auf eine Überwindung des Todes prägt.

Auferstehungshoffnung im Psalmentargum

Die Auferstehungshoffnung des Buches der Weisheit steht auch in der aramäischen Übertragung der Psalmen (Targum; umstrittene Datierung des Psalmentargums; 1. Jh. n.Chr. nicht unwahrscheinlich). Ein Beispiel ist Psalm 39,6-7 (A. Angerstorfer):

Psalm 39,6-7	Targum Psalm 39,6-7
Du machtest meine Tage nur eine Spanne lang,	*Siehe, als wenige hast du verordnet meine Tage,*
meine Lebenszeit ist vor dir wie ein Nichts.	*und mein Körper ist wie ein Nichts vor/ gegenüber dir,*
Ein Hauch nur ist jeder Mensch. [Sela]	*wenn alles für Nichts gehalten wird, nur die Gerechten alle werden Bestand haben für das Leben der Ewigkeit.*
Nur wie ein Schatten geht der Mensch einher,	*Fürwahr als Statue JHWHs wandelt der Mann,*
um ein Nichts macht er Lärm.	*nur für Nichts machen sie Wirbel/Verwirrung.*
Er rafft zusammen und weiß nicht, wer es einheimst.	*Er sammelt, aber er weiß nicht, für wen er sammelt!*

Die Targumversion ist mehr ein eigener Text als eine Übersetzung und fügt den deutlichen Vergänglichkeitsaussagen ein ausdrückliches Bekenntnis zur Auferstehung der Gerechten und das ewige Leben hinzu. Überdies stellt der Text mit dem hebräischen Wort, das in Ps 39,7a mit „Schatten" übersetzt ist und eigentlich „Bild, Abbild, Statue" heißt (*zäläm*), eine Verbindung zu Gen 1,26 her: der Mensch als *zäläm 'elohim*, „Abbild/Statue Gottes". Damit wendet das Targum Ps 39,7a ins Positive und trägt den Gedanken der Gottesbildlichkeit ein, der in deutlicher Konkurrenz zu den Vergänglichkeitsaussagen steht. Und damit ist im Targum die Gottesbildlichkeit (aus der Schöpfungstheologie) mit dem Gedanken der Auferstehungshoffnung verknüpft: Der Mensch bleibt auf Dauer die „lebendige Statue" Gottes, auch über den leiblichen Tod hinaus.

Literaturauswahl siehe Seite 120 ff.

Thomas Hieke

Sichtweisen des Todes im Neuen Testament

Der Tod im Neuen Testament

Keineswegs spricht das Neue Testament nur noch von Auferstehung. Der Tod ist auch im Neuen Testament ein in verschiedenen Facetten auftretendes Thema, das recht spannungsreich diskutiert wird.

Tod als Strafe?

Stellt man die Frage, ob der (vorzeitige, gewaltsame) Tod eine Strafe (Gottes) ist, so hört man von Jesus im Falle der galiläischen Pilger, die aufgrund politischer Wirren beim Opfergottesdienst auf Veranlassung des römischen Statthalters Pilatus getötet wurden, ein deutliches Nein (Lk 13,2-5):

> *Meint ihr, dass nur diese Galiläer Sünder waren, weil das mit ihnen geschehen ist, alle anderen Galiläer aber nicht? Nein, im Gegenteil: Ihr alle werdet genauso umkommen, wenn ihr euch nicht bekehrt. Oder jene achtzehn Menschen, die beim Einsturz des Turms von Schiloach erschlagen wurden – meint ihr, dass nur sie Schuld auf sich geladen hatten, alle anderen Einwohner von Jerusalem aber nicht? Nein, im Gegenteil: Ihr alle werdet genauso umkommen, wenn ihr euch nicht bekehrt.*

Jesus treibt die Argumentation auf die Spitze: Da im Grunde alle Menschen irgendwie schuldig sind, müssten eigentlich alle mit dem vorzeitigen Tod bestraft werden. Daher geht es nicht um das Zeigen mit dem Finger auf die Schuld anderer, sondern um die grundsätzliche Umkehr aller. Einem Denken, das hinter einem unglücklichen, gewaltsamen und vorzeitigen Tod eine Strafe für eine persönliche Schuld sieht, erteilt Jesus nach dem Lukasevangelium eine klare Absage. Umso verwunderlicher ist der erschütternde Fall von Hananias und Saphira in der – vom gleichen Autor stammenden – Apostelgeschichte (Apg 5,1-11): Das Ehepaar hatte ein Grundstück verkauft und heimlich einen Teil des Erlöses behalten. Als beide unabhängig von einander von Petrus befragt werden und beide lügen, sagt ihnen Petrus ins Gesicht, dass sie Gott belogen hätten. Daraufhin stürzen beide tot zu Boden. Es handelt sich um eine legendarische Beispielerzählung für die Wirkmächtigkeit der Apostel, und diese Art des Gottesgerichts steht im NT ziemlich einzigartig da. Man könnte allenfalls noch 1 Kor 11,30 anführen, wonach Paulus Krankheit und Tod einiger Gemeindemitglieder auf den gedankenlosen Empfang der Eucharistie bei gleichzeitiger Lieblosigkeit gegenüber den Armen zurückführt. Texte zum Gottesgericht im Alten Testament finden sich u. a. in Gen 19,26; 38,7.10; Lev 10,1-2; Num 16,28-35.

Die Gewichtung des Todes

Eine andere Frage ist die nach der Gewichtung des Todes. Ist der Tod harmlos, des „Schlafes Bruder"? Im Falle der Tochter des Synagogenvorstehers Jaïrus will Jesus die Leute mit den Worten beruhigen: „Warum schreit und weint ihr? Das Kind ist nicht gestorben, es schläft nur" (Mk 5,39/Mt 9,24/Lk 8,52). Ähnlich metaphorisch spricht Jesus im Johannesevangelium über Lazarus (Joh 11,11), stellt dann aber klar, dass Lazarus wirklich tot ist. Tote erweckt Jesus in den Evangelien selten (s.u.). In eigentümlichem Kontrast zu diesen Erzählungen, die aus nachösterlicher Perspektive die Macht Jesu über den Tod erzählerisch ausfalten, steht die Todesangst Jesu selbst am Ölberg vor seinem Leiden (Mk 14,32-39/Mt 26,36-44/Lk 22,39-46). Im Lukasevangelium wissen späte Textzeugen sogar vom Blutschweiß Jesu zu berichten. Als menschlicher Zug Jesu ist diese Todesangst nachvollziehbar und trostreich, sie unterstreicht die Ernsthaftigkeit und brutale Realität von Jesu Leiden – deshalb hat man auch im Blick auf die Auferstehung Jesu diese Züge nicht getilgt, sondern als Kontrast beibehalten.

Totenerweckungen im Neuen Testament

Auf der einen Seite steht also die große Bedeutung und die ernste Realität des Todes auch im Neuen Testament, auf der anderen Seite wird aber – wohl aus der Ostererfahrung der endgültigen Überwindung des Todes – Jesu Vollmacht über den Tod bereits in die Evangelien übernommen. Jesus und seine Nachfolger können, wenngleich es selten geschieht, Tote erwecken. Dabei spielen die alttestamentlichen Erzählungen über Elija und Elischa (s.o., S. 25 ff) eine entscheidende Rolle.

Das Motiv, dass der Gottesmann (hier: Jesus) das Kind verzweifelter Eltern von den Toten erwecken kann, wird in der Geschichte von der Heilung der Tochter des Synagogenvorstehers Jaïrus (Mt 9,18-26/Mk 5,21-43/Lk 8,40-56) eindrucksvoll ausgestaltet. Die eingeschobene Wundergeschichte von der an Blutungen leidenden Frau unterstreicht einerseits die Wirkkraft Jesu, andererseits ermöglicht dieses retardierende Moment, dass zwischen der Bereitschaft Jesu, das kranke Kind des Jaïrus aufzusuchen, und der Ankunft im Hause so viel Zeit vergeht, dass die Tochter stirbt. Da Jesus bisher „nur" Kranke geheilt hat, scheint so auch die Hoffnung gestorben zu sein: „Warum bemühst du den Meister noch länger?", so fragt man Jaïrus. Jesus dagegen appelliert an den Glauben des Jaïrus. Ähnlich wie die Wundertäter Elija und Elischa schließt Jesus die Öffentlichkeit aus, doch bleibt er mit der Toten nicht ganz allein, denn die Eltern sowie Petrus, Jakobus und Johannes sind als Zeugen anwesend. Der Evangelist Markus überliefert die aramäischen Worte, mit denen Jesus das Mädchen aufrichtet (*talita kum*). Matthäus und Lukas übernehmen zwar die Geschichte, nicht jedoch dieses Detail. Das abschließende Schweigegebot an die Eltern (Markus und Lukas) bzw. die Verbreitung des Ereignisses in der ganzen Gegend (Matthäus) zeigen, dass diese Überlieferung von ihrer Gattung her zu den typischen Wundergeschichten gehört, die Jesu zeichenhafte Existenz, seine Vollmacht und die in seinem Kommen anbrechende Gottesherrschaft unterstreichen.

Lukas erzählt eine zweite Geschichte, die stärker die Personenkonstellationen der alttestamentlichen Vorbilder aufgreift: die Erweckung des Jünglings zu Naïn, bezeichnenderweise des einzigen Sohnes einer Witwe, der ihr Versorger und Rechtsvertreter war (Lk 7,11-17). Konsequenterweise wird Jesus als „großer Prophet" bezeugt; dabei bleibt unausgesprochen: so ein Prophet wie Elija und Elischa, denn an deren Totenerweckungsgeschichten, insbesondere 1 Kön 17,17-24, lehnt sich Lk 7,11-17 stark an. Zugleich erinnert die lukanische Geschichte, die in keinem der anderen beiden synoptischen Evangelien vorkommt, an Wundererzählungen aus der hellenistischen Tradition über Asklepiades von Prusa und Apollonius von Tyana.

Die Verherrlichung Gottes als Gott des Lebens ist – nach eigener Aussage Jesu – das Ziel der Auferweckung des toten Lazarus (Joh 11,1-44). Mehrfach wird betont, dass Lazarus wirklich tot war („schon der vierte Tag"), wohl um den Gedanken an Scheintod auszuschließen. In die Geschichte eingebaut werden Grundsatzaussagen Jesu über die Auferstehung der Toten, die Jesus in der für das Johannesevangelium typischen „Ich-bin"-Rede personifizierend für sich in Anspruch nimmt: „Ich bin die Auferstehung und das Leben. Wer an mich glaubt, wird leben, auch wenn er stirbt, und jeder, der lebt und an mich glaubt, wird auf ewig nicht sterben." Durch diese Deuteworte wirkt die Totenerweckung des Lazarus wie ein Vorausgeschmack (ganz im Sinne der johanneischen „Zeichen") auf die endzeitliche Überwindung des Todes durch Jesus in seinem Leiden, seinem Sterben und seiner Auferstehung, und darauf steuert das Johannesevangelium an dieser Stelle bereits ganz deutlich zu.

Die Rede, mit der Jesus in den synoptischen Evangelien die Jünger aussendet, ist bei Matthäus und Lukas überliefert und stammt daher aus dem den beiden Evangelisten vorliegenden Spruchevangelium Q (Logienquelle). Neben dieser Tradition hat Matthäus, vielleicht im Rückgriff auf die Prophetentraditionen von Elija und Elischa, ein weiteres Sonderelement aufgenommen: Nur in Mt 10,8 gibt Jesus neben den Krankenheilungen auch den Auftrag „Weckt Tote auf!". Dies dürfte als Aufforderung zu verstehen sein, in der Nachfolge von Elija, Elischa und Jesus Gott als den Gott des Lebens zu verkündigen.

Obwohl dieser Auftrag nur bei *Matthäus* formuliert ist, wird er in der *Apostelgeschichte* des *Lukas* buchstäblich erfüllt. Zunächst ist es Petrus, der in Joppe eine Jüngerin namens Tabita (Gazelle) vom Tode auferweckt (Apg 9,36-42). Ihre Aufbahrung in einem „Obergemach" weckt bei bibelkundigen Lesern bereits die Erinnerung an die Totenerweckungen durch Elija und Elischa und damit die Erwartung, eines guten Endes. Entsprechend wird das Tun des Petrus in großer Ähnlichkeit zu Elija und Elischa, aber auch zur Erweckung der Tochter des Jaïrus und des Jünglings zu Naïn durch Jesus erzählt. Dabei fehlen hier jegliche Elemente des Zweifels am Gelingen des Wunders, wie sie noch bei Elischa zu finden waren. Es dominiert vielmehr die von Jesus ausgehende und auf die Apostel übergegangene Macht über den Tod.

Sodann erweckt Paulus einen jungen Mann namens Eutychus, der bei der Predigt des Apostels eingeschlafen und aus dem Fenster im dritten Stock tödlich zu Boden stürzte (Apg 20,7-12). Paulus legt sich auf den Körper des Toten, was an den bei Elija und Elischa begegnenden Ritus der Synanachrosis erinnert. Paulus heilt eigentlich nicht durch sein Tun, sondern er diagnostiziert die eintretende Wiederbelebung. So kann er die Gemeinde beruhigen: „Er lebt!". Die Totenerweckung ist hier keine Geschichte mehr für sich, vielmehr ist das Ereignis in das Geschehen einer Eucharistiefeier eingebettet. Paulus ist auch kein Wunderheiler, sondern seine Rolle ist die des tröstenden Verkündigers von Gottes Wort an die Völker (daher auch der Kontext der Abreise). Diese Kontexteinbettung bewirkt, dass Trost für die Gemeinde nicht durch sensationelle Wunder bewirkt wird, sondern durch die Predigt des Wortes Gottes und den Vollzug der Erinnerung an Jesus in der Feier der Eucharistie. Diese Feier vergegenwärtigt das Geschehen, das den Tod endgültig überwindet: das Leiden, der Tod und Auferstehen Jesu. Hier liegt die Kraft, die die Gemeinde aufrichtet.

Der Tod Jesu

Der Tod Jesu in historischer Perspektive

Der Tod Jesu selbst ist ein eigenes Thema, das hier nur gestreift werden kann. Schon früh wird von den Behörden ein Tötungsbeschluss gefasst (Pharisäer: Mk 3,6/Mt 12,14/Lk 6,11). Das bei Markus und Matthäus für „Urteil" verwendete Wort (*symboulion*) taucht wörtlich bei der Beschlussfassung nach Verhaftung und Verhör Jesu wieder auf (Mk 15,1/Mt 27,1; vgl. Lk 22,66). Das Todesurteil bedurfte jedoch der Exekution durch die römische Besatzungsmacht, da den religiösen Autoritäten in Jerusalem die politische Ausführung ihrer Beschlüsse, insbesondere die Durchsetzung von Todesurteilen untersagt war. Zur Zeit Jesu waren damit die politischen Verhältnisse noch nicht so zerrüttet wie einige Jahre später, als Stephanus Opfer einer Lynchjustiz wurde (Apg 7,54-8,1a), ohne dass eine Ordnungsmacht eingeschritten wäre.

Insgesamt ist so der Tod Jesu als Ergebnis eines Zusammenwirkens römischer und jüdischer Gruppen und Personen anzusehen ist. Auffällig ist, dass insbesondere Lukas ein Interesse daran hat klarzustellen, dass Jesus „nicht schuldig" war: Pilatus findet keine Schuld an Jesus und spricht ihn damit im Namen der höchsten

Staatsmacht frei (Lk 23,4.14.22; Apg 13,28). Ähnlich betont Lukas in der Apostelgeschichte, dass Paulus kein todeswürdiges Verbrechen nachgewiesen wurde (Apg 23,29; 25,25; 26,31; 28,18), bzw. lässt er Paulus selbst beteuern, dass er bereit sei zu sterben, wenn denn der Nachweis erbracht werde, dass er ein solches begangen habe (Apg 25,11).

Im Falle Jesu verhinderten einerseits die Schwäche des Pilatus und dessen Fehleinschätzung der Lage, andererseits der Druck jüdischer Gruppen eine Umsetzung des Freispruchs. Jesu Anhänger bekundeten zunächst einmütig die Bereitschaft, mit Jesus zu sterben (Mk 14,31 / Mt 26,35 / Lk 22,33 / Joh 13,37), doch als es bei der Verhaftung Jesu ernst wurde, verließen alle ihren Meister.

Der Tod Jesu als Sühne und Erlösung

Die Bedeutung des Todes Jesu in historischer Hinsicht ist eine Seite, seine theologische Deutung als Sühnetod eine andere. Auch hier können nur wenige Hinweise gegeben werden. Paulus entwickelt in seinen Briefen eine umfassende theologische Programmatik, die menschliches Scheitern („Sünde") und das unabwendbare Todesgeschick einerseits und den Tod Jesu andererseits zu einem von Gott gewirkten Erlösungsgeschehen verbindet. Für Paulus ist das Todesschicksal der Menschen Folge des paradigmatischen Ungehorsams Adams und aller seiner Nachkommen: „Durch einen einzigen Menschen kam die Sünde in die Welt und durch die Sünde der Tod und auf diese Weise gelangte der Tod zu allen Menschen, weil alle sündigten" (Röm 5,12). Das Gesetz Gottes (die Tora, die Gebote) ist ursprünglich dazu da, den Menschen in die Gemeinschaft mit Gott zurückzuholen – da jedoch der Mensch sich beständig gegen dieses Gesetz verfehlt, ist er so in Sünde verstrickt, dass selbst das Bemühen um das sittlich Gute letztlich nur Unheil und Tod bewirkt. Diese aussichtslose Lage reflektiert Paulus in mehreren Anläufen vor allem im siebten Kapitel des Römerbriefes (Röm 7,24-25):

Ich unglücklicher Mensch! Wer wird mich aus diesem dem Tod verfallenen Leib erretten? Dank sei Gott durch Jesus Christus, unseren Herrn!

Retten daraus kann allein Jesus Christus, der als der einzige Gehorsame dem Todesverhängnis nicht untersteht. Sein Tod ist so paradigmatisch wie Adam als Paradigma für die Menschheit steht. Jesus Christus trägt die Strafe für alle stellvertretend: „Christus hat uns vom Fluch des Gesetzes freigekauft, indem er für uns zum Fluch geworden ist" (Gal 3,13). Mit diesem Tod hat Jesus Christus den Tod entmachtet und den Menschen die übergroße Gnade Gottes gebracht (Röm 5,20-21):

> *Das Gesetz aber ist hinzugekommen, damit die Übertretung mächtiger werde; wo jedoch die Sünde mächtig wurde, da ist die Gnade übergroß geworden. Denn wie die Sünde herrschte und zum Tod führte, so soll auch die Gnade herrschen und durch Gerechtigkeit zu ewigem Leben führen, durch Jesus Christus, unseren Herrn.*

Durch die Taufe erhält der Christ Anteil am Todesgeschehen Jesu Christi, und zwar nicht in Form eines mystischen Nacherlebens seines Sterbens, sondern hinsichtlich der Teilhabe an der Heilswirkung des Todes Jesu: Sünde und Tod haben keine Macht mehr über die Getauften (vgl. Röm 6,18; 7,6):

> *Jetzt gibt es keine Verurteilung mehr für die, welche in Christus Jesus sind. Denn das Gesetz des Geistes und des Lebens in Christus Jesus hat dich frei gemacht vom Gesetz der Sünde und des Todes* (Röm 8,1-2).

Paulus nimmt damit einerseits die Erfahrung menschlichen Scheiterns sehr ernst. Das menschliche Versagen und die Unheilsverstrickung sind so gravierend, dass alles zwangsläufig auf den (endgültigen) Tod zuläuft. Vor dem gerechten Gott wird es dem Menschen nie gelingen, sich selbst zu rechtfertigen. Andererseits zeigt Paulus den Weg der Rettung in Jesus Christus auf, mit dessen Ergehen die Christen in der Taufe verbunden werden, um so an der Überwindung des Todes Anteil zu erhalten. Konkretisiert wird die Hoffnung auf Erlösung aus dem zwangsläufigen Scheitern durch die Verbindung dieser Rettungsvorstellung mit der frühjüdischen Hoffnung auf eine allgemeine (leibliche!) Auferstehung der Toten. Diese Glaubensüberzeugung steht hinter dem Denken des Paulus und trägt es.

Die Überwindung des Todes

Die Hoffnung auf die Auferstehung der Toten

Das Neue Testament ist somit weitaus mehr als das Alte vom Gedanken der Überwindung des Todes geprägt. In der Jesusüberlieferung wird klar festgestellt, dass Jesus die frühjüdische Hoffnung auf eine Auferstehung der Toten (s.o.) teilt. Im Streitgespräch mit der Gruppe der Sadduzäer, einer Eliteschicht im Umfeld des Jerusalemer Tempels, die aufgrund ihrer Interpretation der Heiligen Schrift diese Hoffnung nicht teilt, hält Jesus ihnen vor (Mt 22,31-32/Mk 12,26/Lk 20,37-38):

Habt ihr im übrigen nicht gelesen, was Gott euch über die Auferstehung der Toten mit den Worten gesagt hat: Ich bin der Gott Abrahams, der Gott Isaaks und der Gott Jakobs? Er ist doch nicht der Gott der Toten, sondern der Gott der Lebenden.

Die Hoffnung der allgemeinen Totenauferstehung wird bei Jesus in konkreter und personaler Weise Realität: Die Auferstehung Jesu ist jedoch ein Ereignis, in dem sich die menschliche Wirklichkeit des Todes und die Welt des göttlichen Lebens so berühren und durchdringen, dass aus menschlicher Sicht nur sehr unvollkommen darüber geschrieben werden kann. Von daher rühren die verschiedenen Traditionen (Glaubensformeln bei Paulus, Visionserzählungen und Berichte vom leeren Grab in den Evangelien). In jedem Fall wird die Ostererfahrung der Jünger zur Initialzündung einer neuen Verkündigung Jesu, die sich in den vielen Gestalten des frühen Christentums ausprägt.

Die Auferstehung Jesu und die Auferstehung der Toten

Die Auferstehung Jesu ist der Kern der neutestamentlichen Botschaft, und an sie knüpft sich die Hoffnung der Menschen auf eine grundsätzliche Möglichkeit der Überwindung des Todes in Jesus Christus. Die allgemeine Erwartung einer Auferstehung der Toten im Frühjudentum hat sich in Jesus Christus personifiziert. Der Theologe des Johannesevangeliums hat das im bekannten „Ich bin"-Wort Jesu auf den Punkt gebracht:

Ich bin die Auferstehung und das Leben. Wer an mich glaubt, wird leben, auch wenn er stirbt, und jeder, der lebt und an mich glaubt, wird auf ewig nicht sterben. Glaubst du das? (Joh 11,25-26)

Diese Frage ist wohl nicht nur an Martha gerichtet, die sich angesichts des Todes ihres Bruders Lazarus an Jesus wendet, sondern an alle Leserinnen und Leser des Johannesevangeliums zu allen Zeiten.

Wieder ist es Paulus, der in pastoraler Fürsorge und theologischer Tiefe die Hoffnung der Christen in kaum zu überbietender Klarheit zusammenfasst. In der Gemeinde von Thessaloniki bestand offenbar Unklarheit, was mit den Verstorbenen geschieht, wenn – so war die Erwartung der frühen Christen – Jesus Christus mit seiner Herrlichkeit wiederkommt. Wie sollten sie am kommenden Reich Gottes Anteil haben? Man spürt, dass hier die Vorstellung hereinspielt, die Toten würden Gott nicht loben, also keine Beziehung mehr zum Gott der Lebendigen haben. Paulus stellt jedoch sicher (1 Thess 4,13-14):

> *... wir wollen euch über die Verstorbenen nicht in Unkenntnis lassen, damit ihr nicht trauert wie die anderen, die keine Hoffnung haben. Wenn Jesus – und das ist unser Glaube – gestorben und auferstanden ist, dann wird Gott durch Jesus auch die Verstorbenen zusammen mit ihm zur Herrlichkeit führen.*

Der Tod als solcher ist nicht beseitigt, jedoch seine endgültige Vernichtungswirkung ist durch die Auferstehung Jesu – *und das ist unser Glaube* – überwunden. Wie das konkret aussehen kann, ist jedoch eine spekulative Frage, und Paulus hilft sich im vielzitierten 15. Kapitel des ersten Korintherbriefs mit dem Bild des Samenkorns (1 Kor 15,42-44):

> *So ist es auch mit der Auferstehung der Toten. Was gesät wird, ist verweslich, was auferweckt wird, unverweslich. Was gesät wird, ist armselig, was auferweckt wird, herrlich. Was gesät wird, ist schwach, was auferweckt wird, ist stark. Gesät wird ein irdischer Leib, auferweckt ein überirdischer Leib. Wenn es einen irdischen Leib gibt, gibt es auch einen überirdischen.*

Zu mehr Details ist auch Paulus nicht in der Lage, weil es hier um eine Wirklichkeit geht, die jenseits des menschlichen Vorstellungsbereichs liegt. Sie kann daher nur unvollkommen und allenfalls in Bildern in menschlicher Sprache ausgedrückt werden.

Die endzeitliche Vernichtung des Todes für immer

Zuletzt geht es um eine Rettung aus dem Tod oder durch den Tod hindurch. Von diesen Gedanken ist der Weg aber auch nicht mehr weit zur Annahme einer grundsätzlichen Beseitigung des Todes überhaupt. Schon Paulus greift die bereits genannte Stelle Jes 25,8 (s. S. 49) auf (1 Kor 15,54):

Wenn sich aber dieses Vergängliche mit Unvergänglichkeit bekleidet und dieses Sterbliche mit Unsterblichkeit, dann erfüllt sich das Wort der Schrift: Verschlungen ist der Tod vom Sieg.

Und so deutet Paulus auch ein prophetisches Wort bei Hosea völlig um: Im Zusammenhang des Hoseabuches ist Hos 13,14 eine harte Unheilsansage an Efraim (als *pars pro toto* für Israel). Mit den rhetorischen Fragen werden Tod und Unterwelt als Strafwerkzeuge Gottes aufgeboten: „Aus der Gewalt der Unterwelt sollte ich sie befreien? Vom Tod sollte ich sie erlösen? Tod, wo sind deine Seuchen? Unterwelt (Scheol), wo ist dein Stachel? Meine Augen kennen kein Mitleid" – so kündigt Gott durch den Propheten grausamstes Unheil an. Paulus jedoch greift die rhetorischen Fragen nach dem Stachel der Unterwelt in einem ganz anderen Sinne auf und verwendet das Wort als hymnisches Bekenntnis, dass der Tod überwunden ist (1 Kor 15,55):

Tod, wo ist dein Sieg? Tod, wo ist dein Stachel?

Der Stachel des Todes ist die „Sünde", das fortwährende Scheitern des Menschen an der Weisung (dem „Gesetz") Gottes, das nur durch die Gnade Jesu Christi überwunden wird. Mit diesem Gedanken, den Paulus im Römerbrief (s.o.) breiter ausfaltet, schließt das Auferstehungskapitel des ersten Korintherbriefes.

Bei aller Euphorie und Freude über die in Jesus Christus und seiner Auferstehung geschenkte Überwindung des Todes ist das Neue Testament realistisch genug wahrzunehmen, dass die Menschen nach wie vor sterben müssen. Insofern bleibt die Verheißung des Alten Testaments in Jes 25,8 über die endgültige Vernichtung und Beseitigung („Verschlingung") des Todes ein uneingeholter Überhang und eine weiterhin bestehende, nicht erfüllte eschatologische Hoffnung auf eine von Gott gestaltete Zukunft. So kann die Offenbarung des Johannes in den Schlusskapiteln des Neuen Testaments unter Verwendung zahlreicher Passagen des Alten Testaments (u. a. Jes 25,8a) formulieren:

Dann sah ich einen neuen Himmel und eine neue Erde; denn der erste Himmel und die erste Erde sind vergangen, auch das Meer ist nicht mehr. Ich sah die heilige Stadt, das neue Jerusalem, von Gott her aus dem Himmel herabkommen; sie war bereit wie eine Braut, die sich für ihren Mann geschmückt hat. Da hörte ich eine laute Stimme vom

Thron her rufen: Seht, die Wohnung Gottes unter den Menschen! Er wird in ihrer Mitte wohnen, und sie werden sein Volk sein; und er, Gott, wird bei ihnen sein. Er wird alle Tränen von ihren Augen abwischen: Der Tod wird nicht mehr sein, keine Trauer, keine Klage, keine Mühsal. Denn was früher war, ist vergangen (Offb 21,1-4).

Literaturauswahl sie Seite 120 ff.

Christoph Dohmen

Der Todeswunsch als Zumutung Gottes

Bei der Lektüre des Alten Testamentes kann der Eindruck entstehen, dass einige der „großen Gestalten", der prägenden Persönlichkeiten, lebensmüde sind oder dass ihnen das Leben zumindest schwer fällt, denn von Mose, den Propheten Elija und Jona und ganz besonders von Ijob, dem Leidenden, lesen wir, dass sie den Tod herbei sehnten. Doch bevor vorschnell psychologische Gutachten über den Seelenzustand dieser Personen gefertigt werden, sollte man auf das Gespräch hören, das die Texte der Bibel Israels miteinander führen, um so den einen vom anderen her zu beleuchten und verstehbar zu machen. Am Beispiel des mehrfach im Alten Testament begegnenden Todeswunsches soll diesem Dialog der Texte nachgespürt werden, um so erkennen zu können, dass hier anderes, ja mehr, in den Blick genommen wird, als eine depressiv-melancholische Grundstimmung, ein seelisches Tief.

Menschen, die nicht mehr leben wollen, betrachtet man als gefährdet und man fragt weniger danach, was sie mit solch einer Äußerung sagen wollen, als vielmehr danach, wie die Gefahr, der mögliche Freitod, gebannt werden kann. Maßgeblich dafür scheint zu sein, dass wir üblicherweise den Wunsch zu sterben nicht zuerst als Urteil über ein gelebtes Leben verstehen, sondern als ersten Schritt in Richtung auf den Tod. Unsere Sprache zeigt das unzweideutig an. In verhüllender Weise drücken wir den Tod in Sprachbildern aus, die dem Wortfeld „Schlaf" zuzuordnen sind. So reden wir vom „Entschlafen", dem „Ruhen in Frieden", dem „Schließen der Augen" usw. Auch das Alter als letzte Lebensphase bezeichnen wir in diesem Sinne gerne als „Lebens*abend*". Wer nicht mehr leben will, den nennen wir nicht „lebenskrank" o.ä., sondern „lebens*müde*", womit wir das Phänomen eben nahe an den Tod heranrücken – zumindest näher als an das Leben. Den Grund für diese Sichtweise kann man wohl in der neuzeitlichen Konzentration auf das Individuum und die damit verbundene Psychologie sehen; denn nur der Mensch, der sich als Herr seiner Selbst versteht, d. h. als Individuum, das annimmt, dass es das alleinige Verfügungsrecht über sich selbst (auch sein Leben) hat, steht in der

Gefahr, aus dem Gedanken oder Gefühl heraus, nicht mehr leben zu wollen, den Weg in den Freitod zu wählen.

Diesen knapp skizzierten Hintergrund muss man sich bewusst machen und im Hinterkopf behalten, wenn man in biblischen Texten dem Todeswunsch begegnet. Denn auch wenn es den Freitod im Altertum gibt und die Bibel Beispiele dafür bereithält (z. B. Ri 9 – Abimelech; Ri 16 – Simson; 1 Sam 31 – Saul und sein Waffenträger; 2 Sam 17 – Ahitofel; 1 Kön 16 – Simri; sowie verschiedene Personen in den Makkabäerbüchern), will beachtet sein, dass gerade diese Suizidfälle im Alten Testament nicht mit der Beschreibung einer entsprechenden Psychose einhergehen, ebenso wenig wie die Äußerung des Todeswunsches mit entsprechenden anderen Faktoren psychischer Notsituationen verbunden werden. Es ist also festzustellen, dass dort, wo in der Bibel ein Todeswunsch begegnet, der Freitod gar nicht in den Blick kommt. Vielmehr ist nach dem tieferen Sinn der hier artikulierten „Lebensmüdigkeit" zu fragen. Da die zu behandelnden Stellen inhaltlich aufeinander bezogen sind, sollen sie der Reihe nach vorgesellt werden, wie sie dem idealen Leser des Alten Testamentes, der das Ganze von vorne nach hinten liest, begegnen. Dabei soll es allein um das Verständnis der Texte gehen, wozu der Dialog der Texte untereinander ein wichtiges Hilfsmittel ist: Die Bibel ist nicht als fertiges Buch vom Himmel gefallen, sondern dadurch gewachsen, dass Menschen ihre eigenen Erfahrungen mit diesen Texten gedeutet haben und diese Deutungen dann selbst wieder in Texten, die die ihnen vorliegenden kommentieren, festgehalten und weitergegeben haben.

Mose: Tod als Gnade?

Im 11. Kapitel des Buches Numeri wird erzählt, dass das Volk Israel sich nach dem Aufbruch vom Gottesberg Sinai nach den „Fleischtöpfen Ägyptens" zurücksehnt und das ewige Manna satt hat (Num 11,4-6):

Wenn uns doch jemand Fleisch zu essen gäbe! Wir denken an die Fische, die wir in Ägypten umsonst zu essen bekamen, an die Gurken und Melonen, an den Lauch, an die Zwiebeln und an den Knoblauch. Doch jetzt vertrocknet uns die Kehle, nichts bekommen wir zu sehen als immer nur Manna.

Gott wird daraufhin zornig und auch Mose leidet darunter. Die Übersetzung der Einheitsübersetzung von V. 10 „Mose war verstimmt" geht am Sinn der Stelle vorbei, denn Mose erkennt vielmehr das „Unheil", das sich aus dieser Situation ergibt. Mose klagt Gott die „Last des ganzen Volkes", die Gott ihm auferlegt habe. Seine Klageformulierung „wozu (!) behandelst du deinen Knecht so schlecht?" (Num 11,11) erinnert den Bibelleser an den entsprechenden Ausspruch des Mose, nachdem er auf Gottes Auftrag hin zum ägyptischen Pharao gegangen war, der aber das Volk nicht – wie erbeten – fortziehen ließ, sondern noch schlechter behandelte. Da sagte nämlich Mose zu Gott „wozu behandelst du dieses Volk so schlecht? Wozu denn hast du mich gesandt?" (Ex 5,22). Die Anspielung an diese Stelle in Num 11,11 deutet den Horizont an, auf dem diese Stelle zu verstehen ist. Es geht um den Auftrag und die Stellung des Mose zwischen Gott und Volk, und Mose fragt nach dem Sinn (Wozu-Frage!) des Ganzen. Wenn Mose nun eindringlich Gott daran erinnert, dass Israel das Volk *Gottes* ist, dann wird deutlich, dass es Mose letztendlich darum geht, was ihm von Gott zugemutet wird (Num 11,11-14 in der Übersetzung von J.H. Hertz):

Bin ich mit diesem ganzen Volk schwanger gegangen oder habe ich es geboren, dass du zu mir sprichst: Trage es in deinem Schoße, gleich wie der Wärter trägt den Säugling, in das Land, das du seinen Vätern zugeschworen hast? Woher habe ich Fleisch, diesem ganzen Volke zu geben? Denn sie weinen um mich her und sprechen: Gib uns Fleisch, das wir essen. Ich allein vermag nicht dieses Volk zu tragen, denn es ist mir zu schwer.

Daher, dass Mose nicht die Rolle Gottes gegenüber dem Volk einnehmen will und kann, ist der folgende Todeswunsch des Mose zu verstehen, denn er enthält nichts von einer depressiven Grundstimmung, sondern ist aggressiv-fordernd an Gott gerichtet (Num 11,15 in der Übersetzung von Martin Buber):

Willst du mir solches tun,
erwürge, erwürge mich doch,
habe ich Gunst in deinen Augen gefunden!
dass ich nimmer sehen muss mein Übel!

Solch eine Forderung erweckt gerade nicht den Eindruck eines Niedergeschlagenseins oder einer „Verstimmung", sondern Mose mutet Gott im wahrsten Sinn des Wortes etwas zu. Nicht Mose will sein Leben beenden, sondern Gott soll aktiv werden. Er soll ihn umbringen! Fast sarkastisch bringt Mose seinen Mordaufruf mit dem Gnadengedanken in Verbindung. Doch die Bedingung „wenn ich Gnade in deinen Augen gefunden habe", unter die Mose seinen Appell an Gott ihn umzubringen stellt, darf nicht als Sterbehilfe im Sinne eines „Gnadenstoßes" missverstanden werden. Vielmehr erinnert sie den Leser an die große Fürbitte des Mose nach der Sünde mit dem Goldenen Kalb im Buch Exodus. In Ex 33 verhandelt Mose nach der Sünde des Volkes äußerst geschickt mit Gott – wie Abraham im Bezug auf die Gerechten von Sodom und Gomorra (Gen 18), damit Gott dem Volk vergebe und das Volk mit Gott weiterziehen könne. Mose spielt in Ex 33 den Gedanken von der Gnade, die er bei Gott gefunden hat, aus, um für das Volk Vergeben zu erwirken. In einzigartiger Weise steht dabei die Mittlerposition des Mose, die sich aus seinem Auftrag ergibt, im Mittelpunkt.

Insofern in Num 11 durch die Anspielungen deutlich wird, dass es um den Auftrag und die Stellung des Mose geht, muss auch der Todeswunsch des Mose von hierher verstanden werden. Da Mose Gottes Auftrag ausführt, erwartet er auch Gottes Unterstützung bei der Ausübung dieses Auftrags. Und insofern er den Eindruck bekommt, dass Gott sich dieser Unterstützung entzieht, fordert er Gott heraus, den Auftrag, den er Mose gegeben hat, in der radikalsten Weise eindeutig zu beenden, nämlich dadurch, dass er den Beauftragten, Mose, umbringen möge. Hier steht also nicht das Sich-entziehen-Wollen des Mose durch einen vorzeitigen Tod im Vordergrund, sondern eine grundsätzliche Anfrage an Gott. Im Todeswunsch des Mose artikuliert sich eine Beziehung: Gott ist angefragt, wie er zu Israel und Mose steht.

Elija, wem läufst du nach?

Nach dem berühmten Gottesurteil am Berg Karmel wird der Prophet Elija von Isebel verfolgt. Doch diese Flucht gestaltet sich eigentümlich. Der Prophet rennt im wahrsten Sinne des Wortes um sein Leben (wörtlich seine Seele), weil Isebel ihm nach dem Leben trachtet. Nachdem er sich aber sogar eine Tagesreise weit in die Wüste gerettet hat, lässt er sich unter einem Ginsterstrauch nieder und will das gerade Gerettete, sein Leben (wörtlich seine Seele) weggeben, indem er sagt „Nun ist es genug, Herr. Nimm mein

Leben; denn ich bin nicht besser als meine Väter" (1 Kön 19,4). Der Erzähler charakterisiert diese Rede eindeutig als Todeswunsch, wenn er in der Einleitung formuliert, „er wünschte sich den Tod" (wörtlich seine Seele zu sterben). Dass die Flucht ihn in eine tiefe Depression gestürzt haben könnte, so dass er am Ende nicht mehr leben will, ist den Texten nicht zu entnehmen. Die Begründung, dass er auch nicht besser sei als die Väter, spielt an die Verkündigung bzw. die Begegnung mit König Ahab an, der ihm vorwirft, der Verderber Israels zu sein (1 Kön 18,17) und dem Elija seine Vergehen und die der „Väter" entgegenhält. Die Formulierung des Todeswunsches nach der Flucht des Elija erweckt also eher der Eindruck, dass er mit seinem bisherigen Auftrag abrechnen und abbrechen will und nicht den eigenen Tod vorzubereiten gedenkt. Sein nächster Schritt ist ganz und gar von Passivität bestimmt: Elija legt sich nieder und schläft ein. Aktiv wird nun Gott durch seinen Boten, der ihn aufweckt und ihn essen und trinken lässt, weil sein Weg weitergehen soll. Er erhält keinen Hinweis, wohin er gehen soll, und doch geht er vierzig Tage und vierzig Nächte bis zum Gottesberg. Damit erhält der Leser einen eindeutigen Hinweis, dass Elija Mose „nachgeht". Bevor der Prophet erfährt, was es mit diesem Ort auf sich hat, wird er von Gott gefragt, was er an diesem Ort zu tun habe. Daraufhin rekapituliert der Prophet das Problem seines prophetischen Auftrags, was mit dem Hinweis endet, dass man ihm nach dem Leben trachtet. Von seinem Todeswunsch erfährt man nichts mehr, statt dessen wird dem Propheten in ähnlicher Weise und am selben Ort wie Mose eine außergewöhnliche Offenbarung Gottes zuteil: In der besonderen Form des „Vorüberziehens" (1 Kön 19,11; vgl. Ex 33,19.22; 34,6) begegnet ihm Gott. Der Prophet Elija tritt in die Fußstapfen des Mose. Die Notiz vom Todeswunsch des Elija gehört mit zu den Elementen, die die besondere Verbindung zwischen Mose und Elija herstellen, weil der ideale Leser der Heiligen Schrift auch bei dem Todeswunsch des Elija und der damit verbundenen Auseinandersetzung um seinen Auftrag natürlich an Mose (die Geschichte von Num 11) erinnert wird. Der Rückbezug von 1 Kön 19 auf Ex 33 verbindet zusätzlich mit Num 11, weil auch von dort her eine Verbindung zu Ex 33 hin besteht (s.o.). Und wie bei Mose, so ist auch bei Elija der Todeswunsch als direkter und deutlicher Appell an Gott formuliert, der einschreiten soll, und zwar mit dem selben Ziel, das die Gegner des Elija verfolgen: sein Leben zu beenden. Da der Prophet und sein Auftrag an Gott gebunden sind, soll Gott selbst auch diesen Auftrag durch sein Tun beenden, darauf zielt die Bitte, „das Leben zu nehmen", ab.

Jona: Leiden an Gottes Barmherzigkeit

Schon das Motiv der Flucht verbindet die Propheten Elija und Jona miteinander: der eine flieht vor den Feinden, die ihm nach dem Leben trachten, der andere versucht vor Gottes Auftrag zu fliehen. Die Auseinandersetzung in Bezug auf Gottes Auftrag verbindet beide auf eigene Weise. Intensiver wird die Verbindung im letzten Kapitel des Jonabuches, wo der Prophet mit Gottes Barmherzigkeit konfrontiert wird. Nachdem die Leute von Ninive durch die Gerichtspredigt des Jona wachgerüttelt worden sind und Umkehr und Buße vollzogen haben, lässt Gott sich umstimmen in Bezug auf das von ihm angekündigte Gericht. Dies missfällt Jona, und er hält Gott vor (Jona 4,2-3):

> *Ach Herr, habe ich das nicht schon gesagt, als ich noch daheim war? Eben darum wollte ich ja nach Tarschisch fliehen; denn ich wusste, dass du ein gnädiger und barmherziger Gott bist, langmütig und reich an Huld und dass deine Drohungen dich reuen. Darum nimm mir jetzt lieber das Leben, Herr! Denn es ist für mich besser zu sterben als zu leben.*

Durch seine Barmherzigkeit stellt Gott den Propheten in ein schlechtes Licht und lässt dessen Auftrag scheitern, denn der Prophet hatte den Auftrag erhalten, der Stadt Ninive das Gericht wegen ihrer Schlechtigkeit anzukündigen. Der in diesem Kontext nun begegnende Todeswunsch wird wieder wie bei Mose und Elija nicht als Selbstmordplan formuliert, sondern als Aufforderung an Gott, das Leben zu nehmen (d. h. es zu beenden). Der Todeswunsch impliziert auch hier eine Auseinandersetzung mit dem vorausgegangenen Leben und dem speziellen Auftrag des Propheten. Er ist kein Signal eines Lebensmüden. Vielmehr reagiert Jona auf Gottes Frage, ob es denn recht sei, dass er zornig ist, mit einem „stillen Protest", der darin besteht, dass er sich hinsetzt, um den Untergang der Stadt und die damit gesetzte Rückkehr Gottes zu seinem ursprünglichen Vorhaben, dem Gericht über Ninive, anzusehen. Wie Elija sich unter den Ginsterstrauch legte, so setzt Jona sich unter ein Laubdach, und während Mose sterben wollte, um das Unheil nicht weiter mit anzusehen, lässt Jona erst einmal von seinem Todeswunsch nichts weiter verlauten, sondern will gerade das Unheil der Leute von Ninive mit ansehen. Erst als der Rizinusstrauch, den Gott dem Jona hat wachsen lassen, verdorrt, so dass die Sonne Jona sticht, meldet sich sein Todeswunsch wieder zu Wort. Der Erzähler benutzt hier dieselbe Formulierung wie bei Elija in 1 Kön 19,4 (und diese Wendung begegnet nur an diesen beiden Stellen im Alten Testament!), um zu unterstreichen, dass es nicht um ein individuelles Problem des Jona geht, sondern dass hier das Problem zur Sprache gebracht wird, das schon beim großen Propheten Elija begegnet ist. Wenn Jona schließlich sagt: „Besser ist mein Tod als mein Leben" (Jona 4,9), dann wird damit auf das Problem zurückgelenkt, das sich aus seiner Verkündigung ergeben hat und das zu Anfang dieses Kapitels angesprochen wurde: Wie kann die Barmherzigkeit Gottes mit der prophetischen Gerichtsverkündigung und dem damit verbundenen Selbstverständnis der Prophetie zusammengebracht werden? Nicht zuletzt der ausgeprägte Todeswunsch des Propheten Jona verbindet diesen mit Elija und Mose. Die besondere Nähe zu Gott, die über Mose und die Propheten vermittelt wird, beinhaltet auch eine Auseinandersetzung: Die Beauftragten klagen angesichts der Schwierigkeiten mit ihrem Auftrag dem Auftraggeber ihr Leid, nicht in einem allgemeinen Wehklagen, sondern in der Zumutung an Gott, sich dem Problem zu stellen. Diese Anfrage an Gott konzentriert sich bei Jona in einem indirekten Zitat, insofern Jona darauf verweist, dass er doch wisse, Gott sei ein gnädiger und barmherziger Gott sei. Dieses „Wissen" ergibt sich daraus, dass hier die so genannte Gnadenformel aus Ex 34 zitiert wird. Sie ist der Inhalt der erneuerten und besonderen Offenbarung Gottes an Mose nach dessen Fürbitte (Ex 33).

Die verschiedenen aufeinander bezogenen Stellen des Alten Testamentes, die einen Todeswunsch enthalten, liegen also weit ab von einem im modernen Sinne suizidalen Geschehen.

Ijob: Lass ab von mir

Der Wunsch zu sterben findet sich auch in dem Buch der Bibel, das sich am stärksten mit den Deutungen des menschlichen Leids auseinandersetzt: dem Buch Ijob. Gegenüber den behandelten Stellen wird hier aber noch ein anderer Aspekt eingebracht, der die genannten Stellen besser verstehen hilft. Variationsreich begegnet im Ijobbuch immer wieder der Gedanke, dass der Tod besser sei als das (leidvolle) Leben. Doch auch im Ijobbuch ist die Richtung dieses Wunsches immer dieselbe: er wird nämlich eindeutig an Gott gerichtet (Ijob 7,16-21):

> *Ich mag nicht mehr. Ich will nicht ewig leben. Lass ab von mir; denn nur ein Hauch sind meine Tage. Was ist der Mensch, dass du groß ihn achtest und deinen Sinn auf ihn richtest, dass du ihn musterst jeden Morgen und jeden Augenblick ihn prüfst? Wie lange schon schaust du nicht weg von mir, lässt mich nicht los, so dass ich den Speichel schlucke? Hab' ich gefehlt? Was tat ich dir, du Menschenwächter? Warum stellst du mich vor dich als Zielscheibe hin? Bin ich dir denn zur Last geworden? Warum nimmst du mein Vergehen nicht weg, lässt du meine Schuld nicht nach? Dann könnte ich im Staub mich betten; suchtest du mich, wäre ich nicht mehr da.*

Ijob betrachtet Gott als den Aktiven, der auch für das Leid, das er erfährt, verantwortlich ist. Was Psalm 8 als anthropologische Spitzenaussage formuliert: „Was ist der Mensch, dass du an ihn denkst, des Menschenkind, dass du sich seiner annimmst? Du hast ihn nur wenig geringer gemacht als Gott, hast ihn mit Herrlichkeit und Ehre gekrönt" (Ps 8,5-6), das empfindet Ijob gerade als Last: die Aufmerksamkeit, die Gott dem Menschen schenkt. Ijob entdeckt hier den Grund für das ihm widerfahrende Leid. Das ihm zur Last gewordene Leben soll und kann in dieser Perspektive ein Ende nur dann finden, wenn Gott sich zurückzieht, wenn er sich vom Menschen abwendet.

Aber auch das Ijobbuch denkt im Kontext des Todeswunsches nicht an einen Selbstmord, sondern der leidende Ijob hält Gott die Ausweglosigkeit seiner Existenz vor Augen, er klagt sie ihm. Dabei bezeichnet er sein Leben als „Hauch" (hebräisch *häbäl*, das berühmte Leitwort des Koheletbuches „Windhauch", aber gleichzeitig auch Name des Bruders von Kain in Gen 4 „Abel"). Gerade Abels Existenz in der Erzählung von Gen 4 ist ein Inbegriff für die Nichtigkeit und Vergänglichkeit, denn Abel erscheint dort nur als Bruder des Kain und verschwindet ohne Nachkommen und Spuren nach dem Mord wieder aus der Geschichte. Aber mit ihm und seinem Namen ist zutiefst das Verständnis des menschlichen Lebens in der Bibel verbunden. Denn der erste Mord der biblischen Geschichte wird nicht als Folge von Bruderrivalität erklärt, sondern er hat mit Gott zu tun, der das Opfer des einen annimmt und das des anderen nicht. Der Konflikt in der Erzählung in Gen 4 liegt zwischen Gott und Kain, nicht zwischen Kain und Abel. Das Kernproblem, das diese mythische Erzählung zu erfassen versucht, besteht aber darin, dass Kain in den Verfügungsbereich Gottes eingreift, wenn er das Leben eines anderen Menschen beendet. Gott allein ist nach biblischem Verständnis Herr über Leben und Tod, und es kommt dem Menschen nicht zu, in diesen Bereich einzugreifen, wobei Gen 4,1 auch für den Lebensbeginn ein Zusammenwirken von Gott und Mensch voraussetzt. Auf diesem Hintergrund ist verständlich, dass jeglicher Todeswunsch sich an Gott richten muss, weil allein er es ist, der nach biblischem Verständnis in diesem Bereich „Handlungsvollmacht" besitzt. Dies wird auch gerade dort deutlich, wo der Todeswunsch als Frage nach dem Sinn der eigenen Geburt erscheint, wie z. B. in Ijob 3,3-16):

Ausgelöscht sei der Tag, an dem ich geboren bin, die Nacht, die sprach: Ein Mann ist empfangen. Jener Tag werde Finsternis, nie frage Gott von oben nach ihm, nicht leuchte über ihm des Tages Licht. Einfordern sollen ihn Dunkel und Finsternis, Gewölk über ihn sich lagern, Verfinsterung am Tag mache ihn schrecklich. Jene Nacht, das Dunkel raffe sie hinweg, sie reihe sich nicht in die Tage des Jahres, sie füge sich nicht zur Zahl der Monde. Ja, diese Nacht sei unfruchtbar, kein Jubel komme auf in ihr. Verwünschen sollen sie die Verflucher der Tage, die es verstehen, den Levíatan zu wecken. Verfinstert seien ihrer Dämmerung Sterne; sie harre auf das Licht, jedoch umsonst; die Wimpern der Morgenröte schaue sie nicht. Denn sie hat die Pforten an meiner Mutter Leib nicht verschlossen, nicht das Leid verborgen vor meinen Augen. Warum starb ich nicht vom Mutterschoß weg, kam ich aus dem Mutterleib und verschied nicht gleich? Weshalb nur kamen Knie mir entgegen, wozu Brüste, dass ich daran trank? Still läge ich jetzt und könnte rasten, entschlafen wäre ich und hätte Ruhe bei Königen, bei Ratsherren im Land, die Grabkammern für sich erbauten, oder bei Fürsten, reich an Gold, die ihre Häuser mit Silber gefüllt. Wie die verscharrte Fehlgeburt wäre ich nicht mehr, Kindern gleich, die das Licht nie geschaut.

Aber nicht nur, weil Gott „Herr über Leben und Tod" ist, wendet man sich mit dem Todeswunsch an ihn, sondern um ihm einen Missstand ganz krass und deutlich vor Augen zu führen, wird Gott aufgefordert, solch einem Leben ein Ende zu setzen. Der Todeswunsch ist also nicht nur eine Zumutung für Gott, sondern auch eine Zumutung an Gott, insofern von Gott etwas gefordert wird und vom Menschen etwas gefordert wird, nämlich Gott nicht zu verharmlosen.

Thomas Hieke

Das Alte Testament und die Todesstrafe

Einführung

Viele Menschen lehnen aus Gründen der Humanität oder ausdrücklich aus dem christlichen Glauben heraus die Todesstrafe kategorisch ab. Im oberflächlichen Blick auf das Alte Testament scheint es, als sei dort relativ oft von der Todesstrafe die Rede, und die Einheitsübersetzung unterstreicht mit ihrer Übersetzung „... wird mit dem Tod bestraft" für die hebräische Wendung *mōt yūmāt* diesen Eindruck. Es liegt dann die Gefahr nahe, das Kind mit dem Bade auszuschütten: Das Alte Testament wird als blutrünstig, grausam, inhuman und mit heutiger (gar: christlicher) Ethik unvereinbar abgeurteilt. Gerade aber informierte Christinnen und Christen müssen mit der Päpstlichen Bibelkommission betonen: „Ohne das Alte Testament wäre das Neue Testament ein Buch, das nicht entschlüsselt werden kann, wie eine Pflanze ohne Wurzeln, die zum Austrocknen verurteilt ist." (*Das jüdische Volk und seine Heilige Schrift in der christlichen Bibel*, Nr. 84.) Dann jedoch gilt es, in vielen Fragen genauer hinzusehen, gerade auch bei der Todesstrafe, insbesondere dann, wenn deren Befürworter mitunter das Alte Testament als Argumentationsgrundlage heranziehen.

Zuerst geht es nun darum zusammenzustellen, wo das Alte Testament die Sanktion (Tatfolgebestimmung) „der wird gewiss getötet werden" (hebräisch: *mōt yūmāt*) vorsieht. Bei einem Intermezzo ist innezuhalten: Ist das ausführbares und ausgeführtes Recht? Die Frage ist dabei nicht, ob es die Todesstrafe gegeben hat – das dürfte außer Zweifel stehen. Ebenso gibt es im Alten Testament keine ethische Reflexion auf Erlaubtheit oder Unerlaubtheit der Todesstrafe. Daher „dürfen biblische Texte, die die selbstverständliche Anwendung dieser Strafe bezeugen, aus methodischen Gründen nicht als Argumente in die ethische Reflexion und Begründung eingeführt werden" (M. Heimbach-Steins, 202). Die Frage ist vielmehr, ob es den alttestamentlichen Texten angemessen ist, sie als praktisch durchführbares und durchzuführendes Todesstrafrecht zu verstehen, oder ob man besser nach einer anderen Verstehensmöglichkeit sucht.

Immer wieder ist in der Bibel festzustellen, dass in vielen Fällen mit relativer Milde ein Rechtsausgleich im Sinne einer angemessenen Wiedergutmachung des Schadens angestrebt wird. Umso härter mutet es an, wenn für bestimmte Tatbestände plötzlich eine „Todesstrafe" gefordert zu werden scheint. Hier kommen erste Zweifel auf, ob die harten Todessanktionen praktiziertes Recht widerspiegeln. Daher ist auch danach zu fragen, wo im Alten Testament von Todesrechtsprozessen und Hinrichtungen die Rede ist. Am Ende sind dann ausführliche Schlussfolgerungen zu ziehen.

Tatbestände und Todesdeklaration im Alten Testament

Todesstrafe versus Blutrache

Kain gilt als der erste Mörder der Menschheitsgeschichte. An diesem Fall zeigt die Bibel, wie sie die Tötung eines Menschen durch einen Menschen grundsätzlich sieht: „Das Blut deines Bruders schreit zu mir vom Ackerboden". Damit stellt Gott gegenüber Kain (Gen 4,10) fest, dass dies keine Sache allein zwischen Menschen ist, sondern dass immer Gott mit betroffen ist. Zwischen Menschen ist ein solcher Mord ein Fall für die Blutrache, vor der Gott Kain mit einem Zeichen schützen muss (4,14-15). In Gen 9,5-6 wird deutlich, was Gott mit dem Töten eines Menschen durch einen Menschen zu tun hat:

> *Wenn aber euer Blut vergossen wird, fordere ich Rechenschaft, und zwar für das Blut eines jeden von euch. Von jedem Tier fordere ich Rechenschaft und vom Menschen. Für das Leben des Menschen fordere ich Rechenschaft von jedem seiner Brüder. Wer Menschenblut vergießt, dessen Blut wird durch Menschen vergossen. Denn: Als Abbild Gottes hat er den Menschen gemacht.*

Was hier konstatiert wird, ist das eherne Gesetz der Blutrache. Was als Begründung dahinter steht, ist noch grundsätzlicher: Wer einen Menschen tötet, vergreift sich am Abbild Gottes und greift damit in den Kompetenzbereich Gottes ein. Das ist die große Überschrift in der biblischen Anthropologie, das grundsätzliche Vorzeichen, unter dem alles Folgende zu sehen ist.

Für die Sanktionierung des Grundsatzes „Wer Menschenblut vergießt, dessen Blut wird durch Menschen vergossen" (Gen 9,6), steht die Blutrache zur Verfügung. Sie betrifft nur Totschlag und Mord. Damit ist sie als ein Moment der Selbsthilfe grundsätzlich von der Todesstrafe zu unterscheiden. Die Todesstrafe setzt bereits ein verfasstes Recht mit den zugehörigen Institutionen und damit eine gewisse Rechtskultur voraus. Mit K. Koch sind für einen engeren Begriff von Recht drei Konstituenten maßgeblich: (a) feste Normen (Gesetze) mit genauer Bemessung; (b) virtueller Zwangscharakter (Durchsetzung mit Gewalt); (c) organisierte Gemeinschaft, die verantwortlich den Schuldspruch fällt *und* die Exekutive übernimmt. Neben den Rechtssätzen, die bestimmte Tatbestände unter die Todesstrafe stellen, sind daher Angaben darüber unabdingbar, wie ein entsprechender Prozess abläuft, wer am Ende das Urteil fällt und schließlich wie die Hinrichtung durchzuführen ist.

,,Todesrecht''

Der Begriff „Todesrecht" ist eine problematische Wortneuschöpfung, weil damit schon unterstellt wird, dass es so etwas wie einen „Rechtsstaat" gibt. Vielleicht beschränkt man sich zunächst besser auf die formale Bezeichnung „*mot*-Sätze" (*mot* = Tod) für die Wendungen, die den Tod als Rechtsfolge eines bestimmten Tatbestandes nennen. Die hebräische Wendung *mōt yūmāt* kann zunächst wörtlich so übersetzt werden: „er wird gewiss getötet werden" (andere Vorschläge: „muss sterben"; „er soll unbedingt getötet werden"). Der Vordersatz kann dabei durch einen weiteren Satz (etwa einem Relativsatz) fortgeführt werden: „Wer einen Menschen schlägt, und (so dass) der stirbt, ..." (Ex 21,12).

Diese *mot*-Sätze sind „Todesdeklarationen". Eine Deklaration schafft, meist in einem institutionellen Rahmen, eine neue Wirklichkeit bzw. gültige Tatsachen. Mit den *mot*-Sätzen wird nun deklariert, dass derjenige, der gegen ein in bestimmten Rechtssätzen festgelegtes Verbot verstoßen hat, unentrinnbar dem Tode verfallen ist. Damit gründen die *mot*-Sätze auf einem normierten Rechtsverhältnis zwischen bestimmten Taten und der Todessphäre. Sie sind damit kein Strafrecht im engeren Sinne, das Tatbestände und Strafen in verschiedenen Graden miteinander verknüpft und entsprechende Strafvollzüge anordnet. Die *mot*-Sätze sind vielmehr eine deklaratorische Normierung, die eine bestimmte Auswahl aus den vorher verbotenen Tatbeständen der

Todesverfallenheit zurechnet – aber sie ordnen im Grunde keine konkrete Strafe an.

Tatbestände

Zunächst ist eine Übersicht über die Tatbestände zu geben, die durch die *mot*-Sätze sanktioniert werden:

a. *Totschlag/Mord*

Den Grundsatz formuliert Ex 21,12: „Wer einen Menschen so schlägt, dass er stirbt, der wird gewiss getötet werden" (vgl. ebenso knapp Lev 24,17). Die folgenden beiden Verse (Ex 21,13-14) differenzieren nach Unabsichtlichkeit und Vorsätzlichkeit. Wichtige Aspekte des Verfahrens bleiben aber unklar, u. a. der Ablauf der Verfahrensschritte. Die Reihe in Num 35,16-21 präzisiert die Vorsätzlichkeit anhand der Tatwaffe (Eisengerät, großer Stein, Holz, mit der Hand in feindlicher Absicht). Das gesamte Kapitel Num 35 regelt die Einrichtung von Asylstädten für diejenigen, die ohne Vorsatz einen Menschen getötet haben (vgl. Dtn 19,1-10; Jos 20,1-9). Sie können sich vor dem Bluträcher in eine der festgelegten Städte flüchten, damit sie nicht vor der Untersuchung des Falles getötet werden. Ist erwiesen, dass kein Vorsatz vorlag, kann das Asyl (und die mit dem Tod des Hohenpriesters verbundene endgültige Amnestie) gewährt werden. Gewisse Tatwerkzeuge implizieren aber auf jeden Fall Vorsatz. Ist der Täter damit als vorsätzlicher Totschläger oder Mörder erwiesen, ist auch keine Auslösung durch einen Geldbetrag möglich (Num 35,31; vgl. Dtn 19,11-13). Die Bestimmung von Num 35,31 lässt darauf schließen, dass die Gefahr gesehen wurde, reiche Leute könnten missliebige Personen umbringen (lassen) und sich dann von der Blutschuld mit Geld loskaufen. Nach 2 Sam 21,3-4 kann sich nicht einmal König David „mit Silber oder Gold" von der Blutschuld loskaufen, die Saul durch die Verfolgung der Gibeoniter auf das Königshaus geladen hat. Die Umsetzung des *môt yūmāt* „der wird gewiss getötet werden" beschränkt Num 35,19 auf den zuständigen Bluträcher, der den Mörder töten darf. Das Gesetz der Blutrache erfährt damit eine erhebliche Einschränkung und Kanalisierung: Es wird gleichsam von der Rechtskultur für die Ausführung des *mot*-Satzes herangezogen.

Das erlaubt den Umkehrschluss, dass feste Institutionen für Todesrechtsprozesse und vor allem für Hinrichtungen (Scharfrichter) in der Perspektive dieser Texte nicht vorgesehen sind. Die Exekution erfolgt durch den Bluträcher, der damit nur in bestimmten Fällen und nach genauer vorheriger Prüfung die Blutrache vollstrecken darf. Bewegt sich beispielsweise der mutmaßliche Täter außerhalb der Asylstadt, wird offenbar unterstellt, dass Vorsatz vorlag und der Täter Spuren verwischen oder weit weg fliehen will. Daher ist es dem Bluträcher erlaubt, den Täter außerhalb der Asylstadt zu töten (Num 35,26-27). Es wird ausdrücklich für diesen Fall festgehalten, dass der Bluträcher dann keine Blutschuld auf sich lädt. Wiederum im Umkehrschluss heißt das, dass eine unkontrolliert exekutierte Blutrache ein weiteres Tötungsvergehen ist und so neue Blutschuld bewirkt. Auch Dtn 19,6 schränkt das Recht des Bluträchers deutlich ein.

b. Menschenraub

Ein solches Vergehen findet meist in dem finanziellen Interesse statt, durch den Verkauf des geraubten Menschen als Sklaven einen Gewinn zu erzielen. Die Sklaverei jedoch kann mitunter auch den Tod bedeuten oder ihm gleichkommen, da der Mensch als Sklave nahezu aller Rechte zur Selbstbestimmung beraubt ist. Insofern steht Ex 21,16 im engen Kontext mit 21,14, der Bestimmung für Totschlag/Mord (vgl. auch Dtn 24,7). Bemerkenswert ist, dass für „rauben" oder „entführen" sowohl in Ex 21,16 als auch in Dtn 24,7 das Verb für „stehlen" aus dem siebten Gebot (Ex 20,15; Dtn 5,19) steht, so dass von den Bestimmungen über den Menschenraub auch das Verbot „du sollst nicht stehlen" eine Vertiefung erfährt: Es geht im Dekaloggebot nicht nur um Eigentumsdelikte an Sachen und Tieren, sondern mitunter auch um Menschenraub!

c. Vergehen gegen Vater und Mutter.

Sowohl das Schlagen (Ex 21,15) als auch das Verfluchen (Ex 21,17; Lev 20,9) der eigenen Eltern wird als so schwerwiegendes Vergehen eingestuft, dass dafür nur die „Todessphäre" in Frage kommt. Insofern findet sich hier das negative Gegenstück zum Elterngebot in den Zehn Geboten (Dekalog: Ex 20,12; Dtn 5,16). Die Nähe zu Sprichwörtern, die die Solidarität der jüngeren gegenüber der älteren Generation einschärfen und Fehlverhalten gegenüber den alt gewordenen Eltern brandmarken (Spr 19,26; 20,20; 28,24; 30,17; vgl. Spr 6,20) legen nahe, dass in Ex 21,15.17 die erwachsen gewordenen Kinder gewarnt werden, ihre Überlegenheit gegenüber den Eltern nicht zu missbrauchen (L. Schwienhorst-Schönberger). Ein solches Verhalten wird durch den *mot*-Satz als ein ‚todeswürdiges'

Verbrechen deklariert; doch das muss nicht im Sinne einer gesetzlichen Ausführung als Todesstrafe verstanden werden.

d. Sexuelle Vorschriften

Eine ganze Reihe von Inzest-Vorschriften und anderen Regeln für Sexualität und Ehe werden mit der Todesdeklaration versehen. Im Einzelnen sind dies: Verkehr mit einem Tier (Ex 22,18; Lev 20,15: Mann; 16: Frau); homosexueller Verkehr zwischen Männern (Lev 20,13: beide Männer); Verkehr eines Mannes mit einer verheirateten Frau (Lev 20,10: Ehebrecher und Ehebrecherin; vgl. Dtn 22,22); mit der Frau seines Vaters (Lev 20,11: beide); mit seiner Schwiegertochter (Lev 20,12: beide). Im Kontext von Lev 20 finden sich noch weitere Bestimmungen, die nicht mit dem *mot*-Satz sanktioniert sind, aber ebenfalls den Tod nach sich ziehen: Die Heirat einer Frau und deren Mutter wird als Blutschande deklariert. Alle drei Personen sollen verbrannt werden (Lev 20,14). Implizit kann man hier das Verbot des Inzests mit der eigenen Tochter (und der Stieftochter), das ausdrücklich nirgends genannt ist, vermuten (J. E. Miller). Weitere Inzestvergehen werden nicht mit einer Todessanktion versehen (20,17-21). Es ist zunächst fraglich, warum hier eine ganz andere Sanktion eintritt: Der sexuelle bzw. eheliche Verkehr mit Tanten und Schwägerinnen wird nicht mit einem Todesurteil und damit einer Gewaltstrafe versehen, sondern unterliegt der „Strafe" der Kinderlosigkeit – ein Phänomen, das menschlichem Zugriff völlig entzogen (vgl. Gen 30,2) und damit eine „Gottesstrafe" ist. Wird hier die Ernsthaftigkeit der „Todesformeln" in Frage gestellt? In Lev 20 wechselt die *mot-yumat*-Sanktion mit anderen Ausdrücken ab: „sie sollen ausgemerzt werden" (18), „... muss die Folgen seiner Schuld tragen" (19.20), „sie sollen kinderlos bleiben" (20.21), „ihr Blut soll auf sie kommen" (27). Alle diese Drohungen bezeichnen eine dem Menschen entzogene Gottesstrafe. „Ausgemerzt" (hebräisch wörtlich „schneiden") sollen Geschwister und Halbgeschwister werden, die sexuell miteinander verkehren (Lev 20,17), ebenso ein sexuell verkehrendes Paar, bei dem die Frau menstruiert (20,18). Die genaue Bedeutung dieser Sanktion bleibt erstaunlich offen, und es liegt nahe, hier nicht ein menschliches Recht (lateinisch *ius*), sondern ein göttliches Recht (*fas*) anzunehmen, was hieße, dass die Bestrafung der Gottheit überlassen bleibt. Es geht wohl bei der Strafe, die mit „ausmerzen" übersetzt wird, nicht um eine Todesstrafe, sondern um das Ende einer genealogischen Linie. Ebenso ist der vor allem in Lev 20 (und an anderen Stellen) auftretende Blut-Satz („sein/ihr Blut sei auf ihm/ihnen") keine Strafbestimmung, sondern eine „Schutzformel", die verhindern soll, dass von der Hinrichtung eines Menschen irgendwelche negativen Folgen („Blutschuld") auf die Hinrichtenden übergehen: Wer an einer Hinrichtung eines rechtmäßig Verurteilten teilnimmt, verunreinigt sich nicht. Besser wird daher nicht mit „sein Blut soll auf ihn kommen/komme auf ihn" übersetzt (so EÜ, Luther 1984). Zutreffender ist die Elberfelder Übersetzung mit „sein Blut ist auf ihm" oder die Luther-Fassung von 1545: „sein Blut sei auf ihm". Nach K. Koch, der „sein Blut bleibe auf ihm" vorschlägt, geht es um Folgendes: „Demjenigen, der hingerichtet wird, wird *die Schuld an seinem Tod nachdrücklich mit einem selbstwirkenden Wort zugesprochen*, damit auf die, welche die Tötung vollziehen, auch nicht der Schatten einer Schuld fällt". Insofern zieht es Koch mit Recht stark in Zweifel, dass es sich hier um einen *Rechts*satz handelt.

e. Vergehen gegen Gott und seine Gebote

In den Kontext von Religion und Kult fallen folgende Vorschriften: Das Sabbatgebot wird in Ex 31,14-15 allgemein und in Num 15,35 in einem speziellen Fall mit dem *mot*-Satz abgesichert. Ex 35,2 wiederholt die Sanktion für die Arbeit am Sabbat. Von der Teilnahme an anderen, fremden Kulten wird das Kinderopfer für „Moloch" (Lev 20,1-5) besonders streng verurteilt: Neben dem *mot*-Satz steht noch die konkrete Anordnung, dass die Bürger des Landes den, der eines seiner Kinder dem Moloch (ein aus *melech*, „König", verballhornter Name einer Gottheit) opfert, steinigen sollen. Ja, Gott selbst merzt ihn aus dem Volk aus, sowie alle, die sich dem Molochdienst hingeben und auch diejenigen, die vor dieser Tat die Augen verschließen und den Täter nicht steinigen. Damit hat der Tatbestand des Kinderopfers für Moloch die umfangreichste und schwerwiegendste Sanktionierung erfahren. Ebenfalls gegen fremde Kultpraktiken und Aberglauben richtet sich die Bestrafung von Totenbeschwörung und Wahrsagerei: Dabei wird das Einholen entsprechender Informationen damit bestraft, dass Gott den aus dem Volk ausmerzt, der sich an Totenbeschwörer und Wahrsager wendet (Lev 20,6), während die Frauen und Männer, die diese Praktiken ausüben, nach Lev 20,27 sowohl mit dem *mot*-Satz als auch mit der Drohung der Steinigung gleich mehrfach der Todessanktion unterliegen. Die Begriffe für „Steinigung" können dabei sowohl (angebliche) Hinrichtungen bezeichnen als auch die Steinigung als Lynchjustiz (vgl. z. B. Jos 7,25; Ez 16,40 einerseits und 1 Kön 12,18/2 Chr 10,18; 2 Chr 24,21 andererseits).

Ohne *mot*-Satz wird die Ausübung von magischen Praktiken mit dem Tode bestraft („Wer Magie treibt, den sollst du nicht am Leben lassen"; Ex 22,17). Das hebräische Wort (ein Partizip feminin) bezeichnet nicht ausschließlich weibliche Magie, sondern allgemein die Ausübung einer bestimmten Tätigkeit durch Männer und Frauen, hier eben der Magie. Daher ist die Übersetzung „Hexe" (EÜ) unzutreffend. Entsprechend wählt die griechische Übersetzung (Septuaginta) ein maskulines Substantiv im Plural: *pharmakous*, „Zauberer". Auch ist mit der Sanktion „nicht am Leben lassen" wahrscheinlich nicht an ein aktives Töten gedacht, sondern vielmehr daran, den Zauberei Betreibenden die Lebensgrundlage zu entziehen, indem man sie nicht in Anspruch nimmt und deshalb auch nicht bezahlt.

Derjenige, der einer anderen Gottheit außer *JHWH* Opfer darbringt, „an dem soll die Vernichtungsweihe vollstreckt werden" (Ex 22,19; genauere Angaben über deren Ausführung fehlen). Schließlich untersteht die Schmähung des Gottesnamens der Todesdeklaration (Lev 24,16). Sie betrifft ausdrücklich Einheimische wie Fremde und wird im Kontext einer konkreten Fallerzählung geäußert. Als Ausführungsbestimmung wird die Hinrichtungsart der Steinigung angeordnet und auch durchgeführt (24,23). Der Todesrechtssatz von 24,16 hat offenbar weitere Rechtssätze angezogen (24,17-22), darunter auch die Wiederholung der Bestimmung über den Totschlag (Lev 24,17.21; vgl. Ex 21,12).

f. Weitere mot-Sätze

Vereinzelte *mot*-Sätze finden sich auch außerhalb der Reihenbildungen in Ex 21 und Lev 20. Ebenfalls im Kontext von Religion und Kult ist Ex 19,12 zu nennen: Vor der Erscheinung Gottes am Sinai wird der Berg als heiliges Sperrgebiet deklariert, um die Trennung von „heilig" und „profan" deutlich zu markieren. Diese Unterscheidung ist notwendig, denn nur was unterschieden ist, kann sich wirklich begegnen. Daher wird die Vermischung von heilig und profan – hier in Form der Berührung des Berges als Offenbarungsort Gottes – streng verboten und mit dem *mot*-Satz sanktioniert.

In diese aus heutiger Sicht schwer nachvollziehbare Richtung gehen auch die Bestimmungen über die Vernichtungsweihe: Bestimmte Gegenstände, Tiere und auch Menschen werden in zugespitzten Kriegssituationen der Vernichtung geweiht und dürfen nicht als Kriegsbeute weiter verwendet oder am Leben gelassen werden. Eine Auslösung aus dieser Vernichtungsweihe ist nicht möglich, auch Menschen müssen unbedingt getötet werden (Lev 27,29). Es handelt sich hier nicht um eine Todesstrafe, sondern um den Vollzug eines religiösen Gelübdes.

Wiederum in diese Richtung geht der Schwur von Mizpa in Ri 21,5: Israel hatte dort eine Versammlung einberufen und das Nicht-Erscheinen mit dem *mot*-Satz sanktioniert. Da keiner der Einwohner von Jabesch-Gilead kam, wurden die Leute dieser Stadt der Vernichtung geweiht. Auch bei dem Gottesurteil in 1 Sam 14,44 ist Sauls Wort gegen Jonatan („du musst sterben") kein Todesurteil, sondern Folge eines Gelübdes.

Der *mot*-Satz in Ez 18,13 über den gewalttätigen und frevelhaften Sohn kann keine rechtliche Handhabe vor einem menschlichen Gericht geben. Es handelt sich nicht um einen Rechtstext, und die genannten Tatbestände (Unterdrückung von Armen und Elenden, Einbehaltung des Pfandes, Verehrung fremder Götter und andere, nicht spezifizierte Gräueltaten) sind kaum strafrechtlich verhandelbar. Daher ist hier nicht an eine Todesstrafe gedacht, sondern an ein göttliches Gericht, das z. B. darin bestehen kann, dass der Sünder (verfrüht) sterben muss.

Die Androhung einer Todesstrafe liegt in Gen 26,11 vor, allerdings ist die Anordnung des Königs Abimelech auf den einmaligen Fall von Isaak und Rebekka beschränkt, deren Unversehrtheit mit dem *mot*-Satz gesichert wird. Es kommt jedoch zu keiner Übertretung. In der Parallelerzählung von Abram und Sarai beim Pharao in Gen 12,10-20 fehlt ein derartiger Satz. In Gen 20,1-18 (Abraham und Sara in Gerar) droht Gott dem König Abimelech, dass er sterben müsse, wenn er Sara nicht an Abraham zurückgibt.

Dass ein *König* ein absolut geltendes Gebot mit Todesdeklaration aufstellen kann, zeigen auch 2 Sam 12,5; 2 Kön 10,19.24. Ferner müssen auch folgende Institutionen und Personen genannt werden: *Priester* (2 Kön 11,8.15), *Heerführer* (1 Sam 11,7), *Familienväter* (Gen 31,32; 38,24; 44,9.10.17), der *Stämmebund* (Ri 21,5; Jos 1,18; 2,19) sowie *JHWH* selbst (Gen 4,15; Ex 19,12; Num 14,23; Jos 7,15). Eine eindeutige Rechtsinstitution als Autorität für das Aufstellen und vor allem für das Ausführen solcher „Todesdeklarationen" fehlt also.

Mit den *mot*-Sätzen allein ist das Spektrum noch nicht abgedeckt. In mehreren Fällen fehlt das verstärkende Wort *mōt* in der hebräischen Wendung *mōt yūmāt*, so z. B. in der Bestimmung, dass der „Fremde", d. h. der unbefugte Nicht-Priester, der sich dem heiligen Zelt, der „Wohnstätte", nähert, getötet werden muss (Num 1,51; 3,10.38; 18,7). Hier geht es nicht um eine Todesstrafe, sondern um die alte Auffassung, wonach die Begegnung mit dem Heiligen tötet, wenn nicht besondere Vorkehrungen getroffen werden. Dabei ist auf Ex 28,43; Lev 16,1–2.13; Num 4,15.19–20; 17,28; 18,3.22 u.ö. zu verweisen.

Ebenfalls im religiös-kultischen Bereich stehen die Anordnungen, dass wer auch immer zum Abfall von *JHWH* und zur Verehrung fremder Götter geheim oder öffentlich anstiftet, etwa ein Prophet, die eigene Familie oder eine ganze Stadt, getötet werden soll (Dtn 13,2-19; 17,2-7). Gerade Dtn 13,2-6 wirkt eher wie ein rhetorisches Predigtbeispiel als ein Gesetz.

In Dtn 13,10 lautet der Text der hebräischen Bibel wörtlich „Du sollst ihn unbedingt töten". Es gibt dafür in neuassyrischen Vertragsdokumenten Parallelmaterial: Wenn hier ein Bürger einen Aufrührer gegen den regierenden König dingfest macht, soll er ihn sofort töten. Der Gedanke, der hinter Dtn 13,10 (hebräischer Text) und den neuassyrischen Analogien steht, ist die absolute Loyalität gegenüber dem obersten Herrscher, die auch dazu führt, dass derjenige, der bei anderen eine Illoyalität, Verschwörung oder sonstige Bestrebungen zum Abfall feststellt, diese Person(en) sofort töten muss. Damit sind jegliche Rechtsinstitutionen (Prozess, Zeugen) ausgeschaltet und umgangen – eine anstößige Situation, die die antiken Übersetzungen von Dtn 13,10 durch verschiedene kleinere Änderungen abmildern wollen. In Dtn 13,10 wird der Abfall von JHWH als eine Art „religiöser Notfall" angesehen, der nur durch radikale Tötung der Schuldigen abgewendet werden kann. Paralleltexte dazu sind die Erzählung von der Tötung von nahezu 3000 Mann durch die Leviten nach der Sünde mit dem Goldenen Kalb (Ex 32,26-28) sowie die Eifertat des Pinhas (Num 25,1-18). Von einer „Todesstrafe" sollte hier aufgrund der religiösen Ausnahmesituation nicht gesprochen werden. In Num 25,1-18 wird von Israels Abfall zu Baal-Pegor und dem folgenden Zorn JHWHs, der sich in Form einer „Plage" äußert, berichtet. JHWH beauftragt Mose, die

Anführer zu pfählen (25,4), um den Zorn abzuwenden. Mose gibt die Anordnung an die „Richter Israels" weiter, doch von einer Massenhinrichtung ist dann nicht mehr die Rede, vielmehr kommt es zur Eifertat des Priesters Pinhas, der einen (!) Israeliten und die Midianiterin, mit der er sich eingelassen hatte, *in flagranti* tötet. Diese Tat (allein?) wendet den Zorn Gottes ab. Es fällt schwer, den Text im Zusammenhang einer „Todesstrafe" zu sehen. Es finden sich weder Rechtsinstanzen, die ein Urteil fällen (die „Richter" erhalten nur eine Anweisung), noch Hinweise auf ausführende Organe oder eine tatsächliche Ausführung. Pinhas' Tat ist keine Exekution (es geht kein Prozess voraus), sondern eine Zeichenhandlung im Affekt in Verbindung mit einer religiös motivierten Notwendigkeit.

Weitere Beispiele für den religiös-kultischen Bereich: Getötet werden soll derjenige, der nicht auf den Urteilsspruch des Priestergerichts hört (Dtn 17,12), und der falsche Prophet (Dtn 18,20; vgl. Sach 13,3). Ein Einzelfall ist die Verbrennung einer Priestertochter, die sich und damit auch ihren Vater entweiht hat, weil sie sich als Prostituierte hingegeben hat (Lev 21,9). Die Verbrennung wird als Sanktion im Rechtskontext nur noch dafür vorgesehen, dass jemand eine Frau und ihre Mutter ehelicht (Lev 20,14, s.o.). In Gen 38,24 fordert Juda die Verbrennung seiner im Witwenstand schwanger gewordenen Schwiegertochter Tamar.

In den *zwischenmenschlich-familiären Bereich* gehören folgende Todessanktionen: der störrische Sohn, der sich fortwährend seinen Eltern widersetzt (Dtn 21,18-21), die Braut, die ihre voreheliche Jungfräulichkeit nicht nachweisen kann (Dtn 22,13-21), der Vergewaltiger eines unberührten verlobten Mädchens, wenn die Tat auf freiem Felde ohne Zeugen stattgefunden hat (Dtn 22,25-27), jedoch beide, wenn die Tat in der Stadt begangen wurde und das Mädchen offenbar nicht um Hilfe geschrieen hatte (22,23-24). Die Hinrichtungsart ist die Steinigung. Ob die Steinigung als „geläufigste Hinrichtungsart" stets bei den *mot*-Sätzen gemeint ist, erscheint unsicher: Es wäre dann zu fragen, warum bei bestimmten Tatbeständen die Steinigung erwähnt wird, bei den meisten anderen jedoch nicht.

Wäre im Fall des „störrischen Sohnes" die Todesstrafe wörtlich zu verstehen, ginge diese Bestimmung in ihrer rechtlichen Konsequenz und Schärfe weit über alles hinaus, was in Israels altorientalischen Nachbarreichen an Strafen vorgesehen ist. Im gesamten antiken Vorderen Orient werden aufrührerische und respektlose

Kinder, die gewaltsam gegen ihre Eltern vorgehen, als schwerwiegende Gefährdung der Gesellschaftsordnung betrachtet. Nie jedoch wird die Todesstrafe ausgesprochen. Auch innerbiblisch ist beim Tatbestand der groben Missachtung der Eltern in der Weisheitsliteratur nicht an eine Todesstrafe gedacht, sondern an eine gesellschaftliche Ächtung, vgl. Spr 30,17: „Ein Auge, das den Vater verspottet und die alte Mutter verachtet, das hacken die Raben am Bach aus, die jungen Adler fressen es auf." Es liegt nahe, auch im Gefolge der rabbinischen Auslegung, die Vorschrift eher als erzieherische Abschreckung aufzufassen. Der Befund „ein störrischer und widerspenstiger Sohn" wird sehr häufig im Bezug auf das Volk Israel und seine Beziehung zu *JHWH* verwendet (vgl. Ps 78,8.17.40.56; Num 20,10; Dtn 31,27 u.v.m.). Diese Textstellen treten in eine auffällige intertextuelle Wechselwirkung mit Dtn 21,18-21, wo für den widerspenstigen Sohn „eigentlich" die Todesstrafe gefordert wird – nur: *JHWH* bringt seinem störrischen Volk nicht die Todesstrafe, sondern gewährt ihm eine Erneuerung des Bundesverhältnisses. Damit ist Dtn 21,18-21 nicht als Strafrecht zu lesen, sondern als eine subtile Hintergrundfolie für die komplexe Beziehung zwischen *JHWH* und seinem Volk.

Unter den Bestimmungen, die Schadensfälle regeln, gibt es einen einzigen Fall, bei dem eine Todessanktion ausgesprochen wird: das Beispiel des stößigen Rindes. Wenn jemand aus Fahrlässigkeit zugelassen hat, dass sein Rind, von dem er wusste und von dem ihm andere gesagt haben, es sei gewalttätig, jemanden getötet hat, dann sollen das Rind und sein Eigentümer getötet werden. Es ist jedoch auch eine finanzielle Ersatzleistung seitens des Eigentümers möglich (Ex 21,28-32). Diese Möglichkeit zeigt, dass die Sühne für den getöteten Menschen durch die in jedem Falle angesetzte Steinigung des stößigen Rindes erfolgt. Zugleich aber berührt die Tötung eines Menschen den Bereich „Todesrecht", so dass ein Kompromiss formuliert werden muss: Das „Todesrecht" soll für den Halter des stößigen Rindes *anerkannt*, aber nicht *angewandt* werden. Konkret bleibt es beim Gewohnheitsrecht des finanziellen Ausgleichs.

Besonders bemerkenswert ist, dass im Alten Testament aufgrund von *Vergehen an materiellen Gütern*, also Raub, Einbruch, Diebstahl im Gegensatz zur Rechtsauffassung anderer altorientalischer Völker (sowie der Römer), *nie* eine „Todessanktion" genannt wird.

Die Frage der Durchführbarkeit

Kontexte

Aus dieser Übersicht wird deutlich, dass die teils mit, teils ohne *mot*-Satz formulierten Todesrechtsbestimmungen inhaltlich sehr verstreut erscheinen. Beispielsweise steht etwa die Todesbestimmung für Menschenraub in Dtn 24,6 zwischen der Befreiung Neuvermählter vom Kriegsdienst und dem Verbot, die Handmühle als Pfand zu nehmen einerseits und den Aussagen über die Krankheit des Aussatzes andererseits. Die Anordnung, dass Väter nicht für ihre Söhne und Söhne nicht für ihre Väter „mit dem Tod bestraft werden" (EÜ, wörtlich: „sterben") sollen, eine Sippenhaftung also ausgeschlossen werden soll (Dtn 24,16; zitiert in 2 Kön 14,6), findet sich zwischen der Lohnauszahlung an den Tagelöhner und Bestimmungen für sozial Schwache (u. a. Verbot der Nachlese).

Zwar gibt es Ansätze zur Reihenbildung von *mot*-Sätzen in Ex 21 und Lev 20, doch fehlen dann wiederum in diesen Kontexten Bestimmungen zur Durchführung eines Prozesses und der Hinrichtung. Die Formeln *mōt yūmāt* („er wird gewiss getötet werden") und *yūmāt* („…er wird getötet werden") stehen immer absolut, d. h. es wird nie gesagt, wer diese Strafe vollzieht. Ferner ist zu bedenken, dass alle Vergehen, auf die die Formel *mōt yūmāt* als Strafe steht, auch in anderen Geboten oder Reihen im Pentateuch vorkommen. Es bleibt zu fragen, warum diese anderen Gebote ohne die Todessanktion auskommen oder warum nicht alle Gebote und Verbote mit einer Sanktion versehen werden (vgl. z. B. die Unterschiede zwischen Lev 18 und Lev 20). Auch diese Überlegungen nähren die Zweifel an einem durchgehenden systematischen Todesstrafrecht. Somit liegt ferner die Frage nahe, ob die genannten biblischen Texte in ihren jetzigen Kontexten als ausführbares Recht für eine konkrete Praxis zu verstehen sind.

Ausführungsbestimmungen und Zeugenregelungen

Auf der Suche nach möglichen Ausführungsbestimmungen stößt man auf die Grundsatzregelung von Dtn 19,15, dass für eine Entscheidung bei jeglichem Vergehen mindestens zwei oder drei Zeugen aussagen müssen. Diese Bestimmung wird im Blick auf das Todesrecht eigens eingeschärft: Num 35,30 betont für den Fall des Totschlags, dass der Täter nicht getötet werden darf, wenn nur eine einzige Zeugenaussage vorliegt. Dtn 17,6 steht im Kontext der Bestimmungen für den Abfall von Gott und die Verehrung von Gestirngöttern und verallgemeinert den Grundsatz: „Wenn es um Leben oder Tod eines Angeklagten geht, darf er nur auf die Aussage von zwei oder drei Zeugen hin zum Tod verurteilt werden. Auf die Aussage eines einzigen Zeugen hin darf er nicht zum Tod verurteilt werden."

Dieses Prinzip dürfte die möglichen Todesfälle stark reduzieren, wenn man bedenkt, welche der genannten Tatbestände derart öffentlich stattfinden, dass mindestens zwei oder drei Augenzeugen für einen Todesrechtsprozess zur Verfügung stehen. Ein direkter Widerspruch ergibt sich zu Dtn 22,25-27: Bei einer Vergewaltigung „auf freiem Feld" soll nur der Vergewaltiger sterben, nicht aber die Vergewaltigte, da sie um Hilfe geschrien haben könnte, sie aber niemand gehört hat. Wenn eine solche Situation eines „zeugenfreien Raums" („freies Feld") unterstellt wird, ist zu fragen, woher hier noch Zeugen kommen sollen, wie also ein Todesrechtsprozess gegen den Vergewaltiger erfolgen kann. Zu beachten ist auch, dass im damaligen soziokulturellen Kontext Indizienprozesse, wie sie die heutige Kriminaltechnik (bis hin zur Genanalyse) möglich macht, völlig undenkbar waren.

Gerichtsinstanzen

Weiter werden die Zweifel an einem Todesstrafrecht im Alten Testament dadurch genährt, dass nicht klar ist, wer genau zu Gericht sitzt sowie wer die Hinrichtung wie ausführt. Dtn 17,7 nimmt im Falle einer Steinigung die Zeugen in die Pflicht (vgl. Dtn 13,10), dann erst „das ganze Volk". „Das ganze Volk" oder „die Gemeinde" sind jedoch idealtypische Größen auf literarischer Ebene, keine konkret greifbaren historischen Gerichtsinstanzen. Aus dieser idealistischen Sicht wird deutlich, dass keine eigenen Gerichte und Institutionen für ein Todesstrafrecht vorgesehen sind. Dtn 21,18-21 (der widerspenstige Sohn) erwähnt als Gerichtsinstanz „die Ältesten der Stadt und die Torversammlung des Ortes", als Hinrichtende „alle Männer der Stadt" (Steinigung). Das Ziel der Textstelle ist aber nicht die Einrichtung eines Todesstrafgerichts, sondern Abschreckung: „Ganz Israel soll es hören, damit sie sich fürchten". Im hebräischen Text ist das Objekt des Hörens nicht genannt. Es kann der geschilderte Einzelfall gemeint sein, also „von der Hinrichtung hören", es kann aber auch der ganze Abschnitt angesprochen sein: „von dieser Bestimmung hören". Die Ermahnung der Gemeinde steht somit im Vordergrund. In der anschließenden Bestimmung über die Bestattung der Leichname Hingerichteter (Dtn 21,22-23) ist ebenfalls keine Institution genannt, sondern in mahnendem Ton ein „Du" angesprochen. Wer aber genau soll damit betraut sein, den Toten an den Pfahl zu hängen und ihn am selben Tag wieder abzunehmen und zu bestatten? Auch diese Vorschrift hat letztlich mit der Realität wenig zu tun.

Das Aufhängen war nicht die Hinrichtungsart, sondern eine Zurschaustellung der Leiche, um den Hingerichteten zu demütigen und andere abzuschrecken. Die Praxis ist mehr in Kriegsfällen (Jos 8,29; 10,26) als in Kriminalfällen belegt. Der Sinn ist auch, eine ordentliche Bestattung zu verhindern, um den Delinquenten über den Tod hinaus zu bestrafen. Derartiges untersagt die Vorschrift von Dtn 21,22-23, die auch die Verbreitung der Unreinheit verursachenden Leichenteile verhindern will.

Selbst wenn man annimmt, dass Dtn 21,22-23 eine konkrete Hinrichtung voraussetzt, bleibt es ein Rätsel, warum eine Bestimmung über die Behandlung des Leichnams eines Hingerichteten nach Exekution und Pfählung aufgenommen wird, während konkrete Bestimmungen über die Hinrichtung selbst und über Grund sowie Art und Weise der Pfählung fehlen. Dem Text geht es hier nicht primär um eine „Todesstrafe", sondern um die mögliche Verunreinigung des Landes, die vermieden werden soll. Das regt zu einer ermahnenden Schlussfolgerung an: Wenn schon ein Hingerichteter (ein von Gott Verfluchter!) noch am selben Tag bestattet werden soll, um wie viel mehr besteht die Pflicht, einen eines natürlichen Todes Verstorbenen zu begraben! Vielleicht zielt Dtn 21,22-23 in *diese* Richtung?

Rechtsinstitutionen im Alten Testaments

Ein solches Strafrecht passt nicht zu den Rechtsinstitutionen, die das Alte Testament voraussetzt. Drei solche Institutionen lassen

sich erkennen: (a) die Versammlung der Vollbürger im Tordurch-
gang einer Stadt (vgl. Rut 4,1-2); (b) Familie und Schule, die Normen lehren (Sprichwörter; Verbotssätze); (c) die Tempelpriester-
schaft mit Weisungen für den Kult und für Gottesurteile (vgl. z. B.
Num 5,11-31). Radikale Todesstrafen würden der *Familiengemein-
schaft* kaum weiterhelfen. Auch die *Versammlung der Bürger im Tor*
ist auf Schlichtung und Schadensausgleich bedacht sowie an kultischen Vergehen nicht interessiert.

Es ist ein erstaunlicher Unterschied zwischen der Härte des
„Todesrechts" und der Milde des Rechtsausgleichs, sobald das
Todesrecht nicht in Frage kommt, zu beobachten. Auch kennt das
alttestamentliche Hebräisch kein Wort für „Strafe." Oberstes Ziel
des biblischen Rechtssystems scheint es also zu sein, gerechten
Ausgleich, Schadensbegrenzung und Schadensersatz zu erzielen,
und nicht drakonische Strafen auszusprechen, die niemandem
nützen. Ferner ist festzuhalten, dass die unbedingten Todes-
forderungen weder Platz für Ermittlungen noch für eine Gerichtsverhandlung lassen; sie können schon von ihrer Formulierung her
nicht Teil eines juristischen Vorgangs sein und in keiner Weise als
„Strafprozessordnung" fungieren. Gerichtshöfe brauchen forma-
lisierte Gesetze, die in ihrem Grundsatz nichts anderes als bei-
spielhafte Abstraktionen aus früheren Gerichtsverhandlungen
darstellen.

Die *Priester* wiederum sind für die außerhalb des sakralen Rau-
mes begangenen Taten wie Totschlag und Inzest kaum zuständig.
Woher kommen also die tödlichen Warnungen? Die Versuche, eine
kultische Gerichtsinstanz und ein todesgerichtliches Verfahren zu
rekonstruieren, müssen aufgrund der zu geringen Textgrundlage
als gescheitert betrachtet werden.

Wenn das Todesstrafrecht im Alten Testament sehr klar geregelt
wäre und demzufolge viele solcher Prozesse mit Hinrichtungen
stattgefunden haben, müssten Spuren davon vorhanden sein.

Todesrechtsprozesse und Hinrichtungen
im Alten Testament

In der erzählenden Literatur des Alten Testaments gibt es eine
ganze Reihe von Fällen, die unter die genannten „Todesrechts-
sätze" fallen würden. Das beginnt bei Kain, der Abel totschlägt,

geht weiter über Abraham, der seine Halbschwester Sara ehelicht (Gen 20,12), und hört noch nicht auf bei Juda, der (unbekannterweise) mit seiner Schwiegertochter Tamar Zwillinge zeugt (Gen 38). In all diesen Fällen ist jedoch von einem Todesrechtsprozess keine Rede. Die erzählende Literatur weiß nichts von einer Verurteilung von Kapitalverbrechern.

Die Lästerung des Gottesnamens: Lev 24,10-23

Erst in Lev 24,10-23 taucht so etwas Ähnliches wie eine „Todesstrafe" auf: Einem Halb-Israeliten („Der Sohn einer Israelitin und eines Ägypters") wird der Prozess gemacht, weil er den Namen Gottes schmähte. Der Abschnitt steht mit seinem vom Umfeld völlig abweichenden Erzählstil eigenartig im Kontext der Vorschriften über den Schaubrottisch (24,1-9) und den Bestimmungen zu Sabbat- und Jubeljahr (25,1-55). Zunächst sieht es so aus, als handle es sich um die Erzählung eines tatsächlichen Ereignisses, u. a. werden Namen von Personen genannt. Dann aber gibt es keinen Prozess aufgrund eines *mot*-Satzes, sondern es wird ein Spruch *JHWHs* abgewartet. *Gott* spricht das Urteil in Form eines *mot*-Satzes, der dann auffälligerweise weitere Rechtssätze, die mit der ursprünglichen Geschichte nichts zu tun haben, nach sich zieht. Nur sehr knapp wird die Steinigung des Schmähers in 24,23 nachgetragen. Im Zentrum der Erzählung steht weniger die Hinrichtung als vielmehr die Belehrung des Volkes („sag den Israeliten"). Das Ganze wirkt weniger wie ein Bericht über die Ausführung der Todesstrafe, sondern eher wie ein um einen bestimmten Rechtssatz über die Schmähung des Gottesnamens zur Ermahnung gereichender konstruierter Fall. Hier spricht ein Prediger zu einer Gemeinde, und er spricht wie ein „Jurist". Für einen Strafprozess ist das jedoch eine ungeeignete Formulierungsweise. Dass hier ein Fall künstlich konstruiert wurde, ist in der Forschung unumstritten. Beachtet man genauer die Stellung des Abschnitts im Buch Levitikus, so wird deutlich, dass es sich um einen weit über den Einzelfall der „Blasphemie" hinausgehenden Präzedenzfall handelt, der das paränetische Ziel hat, die Gültigkeit und Bedeutsamkeit aller vorausgehenden Vorschriften einzuschärfen.

Holzsammeln am Sabbat: Num 15,32-36

Ebenso wenig realistisch als vielmehr beispielhaft und ermahnend erscheint die Geschichte vom Sabbatschänder in Num 15,32-36. Zunächst behandelt Num 15 Vorschriften für Sühnopfer und Abgaben, insbesondere bei *versehentlichen* Verstößen gegen die Gebote. Eine *vorsätzliche* Verfehlung wird schwer bestraft: „ein solcher Mensch muss ausgemerzt werden." Offensichtlich soll die folgende Geschichte die Vorsätzlichkeit illustrieren: Mit dem Satz, „als die Israeliten in der Wüste waren" wird deutlich, dass aus viel späterer Perspektive formuliert und auf die Wüstenzeit als beispielgebende Epoche zurückgeblickt wird. Das Exempel hat das Holzsammeln am Sabbat zum Inhalt. Wieder wird nicht sofort das Todesurteil gesprochen (trotz des *mot*-Satzes von Ex 31,15), sondern Gott selbst verkündet den Tötungsbefehl, der auch ausgeführt wird. Als wäre nichts Besonderes geschehen, fährt Mose mit seinen Instruktionen hinsichtlich der Quasten an den Kleidern fort, wird dann aber deutlich, worum es wirklich geht: Die Quasten sollen an die Gebote Gottes erinnern und daran, dass das Volk sie mit seinem Herzen einhalten will. Num 15 schließt mit dieser Belehrung, die damit den eigentlichen Zielpunkt des Kapitels angibt.

Achans Frevel: Jos 7

Auch Moses Nachfolger Josua statuiert ein Exempel (Jos 7): Achan hat sich unrechtmäßigerweise etwas von einer Kriegsbeute angeeignet, die aufgrund eines religiösen Gelübdes vernichtet werden sollte (Vernichtungsweihe). Er wird aber nicht mittels einer Untersuchung und eines Rechtssatzes überführt, sondern durch ein Gottesurteil, einen von Gott gelenkten Losentscheid. Die Hinrichtung Achans erfolgt durch „ganz Israel". Die berichteten Einzelheiten erlauben dabei nicht die Rekonstruktion eines Todesrechtsprozesses und einer Todesstrafe, ein Rechtssatz ist nicht genannt. Die Botschaft der Geschichte ist eine andere: Achan hat sich an der Gemeinschaft vergangen, denn durch seine Tat liegt der Zorn Gottes auf dem gesamten Volk, das so militärisch in eine Zwangslage gerät. Das ganze Volk wiederum trägt durch die Steinigung zur Sühnung der Verfehlung bei, Achan selbst rückt in die Nähe des Sündenbocks, dessen Tod für die Gemeinschaft Heil bedeutet.

Ein „richtiger" Todesrechtsprozess ohne Beteiligung Gottes steht dagegen in 1 Kön 21: Weil Nabot seinen Weinberg nicht an König Ahab verkaufen will, strengt Ahabs Frau Isebel einen Schauprozess gegen Nabot an. Ein Fasten wird ausgerufen, um die Dringlichkeit des anstehenden Problems anzuzeigen. So sind alle Anwesenden darauf eingestellt, dass eine erhebliche Krise ansteht. Das Fasten als öffentlicher liturgischer Vorgang mit entsprechenden Ritualen und fester Einberufungsformel (vgl. z. B. 2 Chr 20,3; Esra 8,21; Neh 9,1; Jes 58,5; Jer 36,9; Joel 1,14; 2,15; Jona 3,5; Sach 8,19) ist ein allgemeines Anzeichen für eine nationale Krise und keineswegs ein spezifisches Element eines „Todesrechtsprozesses". In dieser spannungsgeladenen Situation wird Nabot von zwei (!) falschen Zeugen beschuldigt, gegen den König und gegen Gott gelästert zu haben (vgl. Lev 24,16; Ex 22,27). Nabot wird tatsächlich verurteilt und durch Steinigung hingerichtet, woraufhin Ahab Nabots Weinberg in Besitz nimmt.

Für das Verstehen der Geschichte ist es keineswegs nötig, eine feste Form eines „Todesrechtsprozesses" vorauszusetzen. Es genügt völlig anzunehmen, dass einem König in einer durch das Fasten angezeigten nationalen Krise jede denkbare Maßnahme möglich ist.

Dazu gehört natürlich auch die Beseitigung unbequemer Leute in scheinbar legalen Vorgängen. Dafür gibt es eine ganze Reihe weiterer Beispiele: So sind unter anderem die Tötung Joabs durch Benaja (1 Kön 2,29-34) sowie die Tötung der Propheten Urija (Jer 26,23) und Secharja (2 Chr 24,21) jeweils auf Befehl des Königs nicht unter dem Aspekt der Todesstrafe zu verhandeln, sondern als Beseitigung politisch missliebiger Personen und lästiger Oppositioneller zu werten. Auch König Sauls Wort gegen den Priester Ahimelech (1 Sam 22,16: „Du bist dem Tod verfallen, Ahimelech, du und das ganze Haus deines Vaters") ist eher in diese Richtung zu interpretieren als im Kontext von „Todesstrafe" zu sehen. Dass der König Herr über menschliches Leben ist und damit als Instanz einer Todesstrafgerichtsbarkeit gelten kann (z. B. Jer 26,23), ist so nicht haltbar: Die biblischen Texte stehen diesen Tötungsbefehlen immer sehr kritisch gegenüber. Die faktische Macht, jemanden töten können zu lassen, sollte nicht mit „Todesstrafe" bezeichnet werden. – Die Hinrichtung der Nachkommen Sauls durch die Gibeoniter in 2 Sam 21,1-14 ist ebenfalls keine „Todesstrafe", sondern ein dunkles Kapitel um Blutschuld und Blutrache.

Der „Justizmord" an Nabot hat für König Ahabs Haus schlimme Folgen, die der Prophet Elija ankündigt. Wie der Prophet Natan nach der Affäre Davids mit Batseba zeigt auch Elija dem König das Verwerfliche seiner Tat auf, für die er den Tod verdient hätte (David in 2 Sam 12,5: „ Der Mann, der das getan hat, verdient den Tod"). Doch die Texte sind weit davon entfernt, eine Todesstrafe für den König auch nur zu erwägen. Da es das eigentliche Ziel von 1 Kön 21 ist, diesen Justizmord zu Lasten von König Ahab und seiner Frau Isebel zu schildern, ihn also letztlich als illegal zu verurteilen, ist der Text als Quelle für ein Todesstrafrecht denkbar ungeeignet: Je mehr der Prozessverlauf als fadenscheinig dargestellt wird, umso mehr kommt das der Absicht der Stelle, Ahab und Isebel zu disqualifizieren, entgegen, und umso weniger lassen sich daraus Fakten für einen Todesrechtsprozess in der Königszeit gewinnen.

Prophetie und „Todesrecht"

Auch gegen den Propheten Jeremia wird ein „Todesrechtsprozess" angestrengt (Jer 26,7-19), doch er wird freigesprochen. Allerdings fehlt hier ein Rechtssatz, gegen den Jeremia verstoßen haben sollte. In manchen Prophetenworten könnte ferner ein Reflex auf einen „Todesrechtsprozess" zu finden sein: In Jer 7,1-15 stellt sich Jeremia an die Tempeltore, die der traditionelle Gerichtsort sind (vgl. Jer 26,10) und verkündet, dass Gott das sündige Volk verwerfen werde – gleichsam eine Art Todesurteil Gottes über Volk und Tempel. In Ez 16,38-40 findet sich ein Gerichtswort gegen Jerusalem, das mit der Metapher der treulosen Ehefrau versehen wird: Nach den Vorschriften für Ehebrecherinnen (Lev 20,10) wird Gott das Urteil fällen, es wird eine Volksversammlung und eine Steinigung geben (vgl. ebenso Ez 23,1-49: die Parabel der treulosen Schwestern Ohola/Samaria und Oholiba/Jerusalem). Diese Spuren sind jedoch zu vage, um daraus eine konkrete Rechtskultur oder gar eine „Strafprozessordnung" zu rekonstruieren. Sie sind jedenfalls keine Beweise dafür, dass und wie die Todesstrafe ausgeübt wurde. Insgesamt gilt hinsichtlich der Vorschriften über den Ehebruch, dass das kasuistische Recht zwar die Todesstrafe vorsieht und dass es viele Hinweise auf diese Vorschrift gibt, jedoch nur sehr wenig direkte Evidenz für ihre tatsächliche Anwendung.

Bilanziert man die wenigen Belege für angebliche „Todes-rechtsprozesse" im Alten Testament, so stößt man auf beispielge-bende Lehrerzählungen mit ermahnendem Charakter, auf einen handfesten Justizmord und auf mehrdeutige Prophetenworte. Der Befund steht in keinem Verhältnis zur Zahl der mit der angeblichen Todesstrafe belegten Tatbestände. Man könnte einwenden, das Thema „Todesstrafe" und „Hinrichtung" sei uninteressant oder „unappetitlich", so dass nicht darüber geschrieben wurde. Jedoch gibt es im Alten Testament genug Stellen, die menschliche Grau-samkeit und Brutalität in allen Details ohne Scheu beschreiben. Umso mehr stellt sich weiterhin die Frage, warum das Alte Testa-ment keine Erzählungen von legalen Todesrechtsprozessen und regulären Hinrichtungen kennt. Es scheint einen deutlichen Wi-derspruch zu geben zwischen den harten Formulierungen der biblischen Texte und der tatsächlichen Praxis, für die sich kaum konkrete Hinweise finden. Wenn es wirklich ein über Jahrhunderte funktionierendes (Todes-)Strafrechtssystem gegeben hätte, dann wäre es unerklärbar, dass in der ganzen Zeit nie ein Fall aufgetreten ist, der interessant genug gewesen war, um Eingang in die erzäh-lenden Texte zu finden.

Schlussfolgerungen

Rechtspraxis nicht rekonstruierbar

Die hier in Betracht gezogenen biblischen Texte erlauben keinen konkreten Rückschluss auf eine tatsächliche Rechtspraxis hin-sichtlich der Todesstrafe zu irgendeiner Zeit. Im Alten Testament fehlen für viele Rechtssätze jegliche Hinweise, an denen man die Umsetzung in die Realität zeigen könnte. Auch kann man nicht sagen, dass die Wendung *mōt yūmāt* („er wird gewiss getötet wer-den") in klarer Sprache eine Exekution fordert. Altorientalische Gesetzessammlungen – und damit auch die biblischen „Rechts-texte" – sind nicht notwendigerweise identisch mit dem, was man heute als Strafprozessordnung kennt, sondern Grundsatzbestim-mungen und Ideale. Es wäre ein großes Missverständnis, sie im Sinne klarer Ausführungsbestimmungen zu lesen. Allenfalls könnte man von einer Vorstufe zu einem staatlichen, öffentlichen Strafrecht sprechen. Es kann also nicht rekonstruiert werden, wie eine solche Kapitalstrafe beschlossen und ausgeführt wurde: Zu verwirrend sind die verschiedenen Tatfolgebestimmungen (Befehl zur Exekution; Androhung des Todes; Ausrottung; Blutschulderklärung; Abscheuäußerung), zu drastisch und stereotyp die Strafmaße, zu emotional der Ton, zu ungleich die Strafzumessung, zu verborgen die Tatbestände, als dass dieses „Gesetz" als Grundlage für alle Rechtsprechung hätte dienen können (vgl. E. S. Gerstenberger). Sicher hat es Hinrichtungen gegeben, außerdem gibt es Hinweise auf Lynchjustiz und eine mitunter unkontrollierbare Blutrache. Manche so genannten Todesrechtsbestimmungen und insbesondere die Vorschriften zum Asyl versuchen, die Blutrache zu kanalisieren (Num 35, Dtn 19,1-13). Spuren einer ausgeprägten Todesgerichtsbarkeit mit einer präzisen Strafprozessordnung sind jedoch nicht zu finden.

Keine Fälle in der erzählenden Literatur

Für nahezu alle Tatbestände, die mit einer Todessanktion belegt sind, gibt es keine Fälle in der erzählenden Literatur, wo von einem diesbezüglichen Todesrechtsprozess und einer Hinrichtung berichtet wird. Im Gegenteil, gelegentlich kommen Verstöße gegen das so genannte Todesrecht vor, ohne dass die entsprechende Konsequenz eintritt. Texte, die von einer angeblichen Praxis handeln, erweisen sich als Lehrerzählungen. In ihnen spricht immer Gott selbst das Urteil. Im Grunde wird im Alten Testament nie jemand allein aufgrund eines *mot*-Satzes exekutiert.

Zwei konkurrierende Prinzipien

Der beobachtete Widerspruch zwischen den harten Bestimmungen in den *mot*-Sätzen einerseits und den fehlenden rechtspraktischen Ausführungsanweisungen andererseits sowie den kaum vorhandenen Spuren für eine praktische Durchführung könnte dahin erklärt werden, dass sich zwei ethische Prinzipien gegenüberstehen: Zum einen geht es um den unbedingten Gehorsam gegenüber Gottes Gebot und die schwerwiegenden Folgen eines Verstoßes dagegen, zum anderen, um den hohen Wert und die Unverletzlichkeit des Lebens des Menschen, der als Abbild Gottes geschaffen ist und für dessen Blut Gott selbst Rechenschaft fordert (Gen 9,5-6).

Die Verbindung beider Prinzipien zwingt dazu, Alternativen zur Todesstrafe zu entwickeln. In der rabbinischen Literatur steht zwar die Gültigkeit der biblischen *mot*-Sätze außer Frage, doch die Rabbinen versuchen in ihren Diskussionen, die Todesstrafe unmöglich zu machen.

Fehlende Zeugen

Die Vorschrift, für einen Kapitalprozess mindestens zwei oder drei Zeugen aufzubieten, um die Todesstrafe verhängen zu können (Num 35,30; Dtn 17,6), lässt bestimmte Tatbestände von vornherein als ungeeignet für einen solchen Prozess erscheinen, da sie in der Regel nicht öffentlich verübt werden und daher die nötigen Zeugen nicht zur Verfügung stehen (z. B. der sexuelle Verkehr mit einem Tier; der Ehebruch; homosexueller Verkehr). Gerade bei Ehebruch hatte in der Regel der Ehemann das Recht, die Scheidung auszusprechen, auch war die Zahlung eines finanziellen Ausgleichs üblich. Es gibt keinen Beleg dafür, dass jemand tatsächlich für Ehebruch mit dem Tode bestraft wurde.

Ungleichgewicht der Tatbestände

Gerade auch die Zusammenstellung der sanktionierten Tatbestände lassen Zweifel an der Praktikabilität eines derartigen „Todesrechts" aufkommen. Es ist nicht einzusehen, dass gerade *diese* Vergehen derart massiv unter „Strafe" gestellt werden, während eine Reihe anderer Untaten, die z. T. im unmittelbaren Kontext genannt werden, andere Konsequenzen nach sich ziehen, die nicht immer juristische „Rechtsfolgen" sind. Die Frage der Angemessenheit wird weder gestellt noch diskutiert. Ein auffälliger Aspekt ist in diesem Zusammenhang, dass nicht alle in Lev 18 ausgesprochenen Verbote in Lev 20 mit einer Tatfolge („Strafe") versehen werden. Es fehlen folgende Verbote: der Sexualverkehr mit der leiblichen Mutter (18,7), der Enkelinnen-Inzest (18,10), der Stiefschwestern-Inzest (18,11) sowie die Polygynie mit einer Frau und deren Schwester zugleich (18,18). Diese Tatbestände werden mit keiner Sanktion versehen. Dieses Fehlen stellt die Annahme eines umfassenden „Todesrechts" im strafrechtlich-juristischen Sinne, das so in der Praxis durchgeführt wurde, wie es in den Texten steht, sehr in

Frage. In Lev 20 geht es um heilig und profan, rein und unrein – nicht um eine gerichtliche Praxis.

Die deklarative Formulierung: eine Gottesstrafe

Ein weiteres Hindernis für die praktische Durchführung gerade der *mot*-Sätze ist deren deklarative Formulierung. Sie verknüpfen – zweifellos in normierender Absicht – Tatbestände mit der Todessphäre, aber sie verzichten durch diese knappe und gedrängte Form auf jegliche Details hinsichtlich der Ausführung. Es besteht kein Interesse an einer systematischen „Todesstrafprozessordnung". Zudem erscheint die Formulierung mit *mōt yūmāt* („er wird *gewiss* getötet werden"; zweimal die Wurzel *mot/mut* für „Tod") als Verstärkung sehr eindringlich: Für eine Rechtsbestimmung ist der rhetorische Aufwand zu hoch, die einfache Wendung „er soll/sie sollen sterben" (vgl. z. B. Dtn 22,22.24.25) würde genügen. Gerade die „deklarative", formale Gestalt legt die Spur, wer eigentlich hinter dieser angeblichen „Strafe" steht: Sowohl die feierliche Formulierung als auch die angeführten Sachverhalte deuten darauf hin, dass es um Angelegenheiten geht, die die Kapazität und die Zuständigkeit *menschlicher* Gerichte übersteigen. Das Schwergewicht liegt auf dem sexuellen Bereich, wo es selten Zeugen gibt, auf der Unantastbarkeit der Person, auf der Autorität der Eltern, auf der Ehrfurcht gegenüber Gott, dem Einen, Heiligen. All das sind keine im strengen Sinn justiziablen Fälle, sondern Grundlagen des Glaubens und der sozialen Ordnung einer Gemeinschaft. Sie erfahren daher einen besonderen Schutz durch eine – vermutlich göttliche – Sanktionierung. Das Passiv in den *mot*-Sätzen könnte also auch als *passivum divinum* interpretiert werden: Gott ist der eigentlich Handelnde. Folgende biblische Texte weisen ebenfalls in diese Richtung:

a. Die Todesdrohung Gottes in Gen 2,17 wird nicht ausgeführt. Obwohl die Menschen vom Baum der Erkenntnis von Gut und Böse essen, werden sie nicht getötet, vielmehr werden eine Reihe anderer Strafen ausgesprochen, und Gott sorgt für die Menschen sogar hinsichtlich der Kleidung (3,21). Das zeigt, wie die göttliche Todesdrohung gedacht ist: nicht als gesetzliche Sanktion, die einen Gerichtsprozess erfordern würde, sondern als eine Warnung, die auf die furchtbaren Folgen des Verstoßes gegen das göttliche Gebot aufmerksam macht. Insofern liegt hier ein Paradigma am Anfang der Tora vor, wie ernst die Menschen diese folgende göttliche Weisung (Tora) nehmen sollen.

b. Göttliche Gebote dienen dazu, eine gegebene Ordnung zu schützen und Leben zu ermöglichen. Von den ersten Kapiteln des Buches Genesis an ist das ein roter Faden in der Tora. Dazu gehört auch die Grenzziehung zwischen „heilig" und „profan" am Berg Sinai in Ex 19,10-24: Der *mot*-Satz in 19,12 ist ganz offensichtlich *kein* menschliches Todesstrafrecht, sondern eine Schutzbestimmung Gottes für die Menschen, die aufgrund ihrer Schwachheit und Sünde nicht in den Bereich des Heiligen eindringen dürfen, da sie sonst vernichtet würden.

c. Unterstützt wird diese Sichtweise durch die Fluchsätze in Dtn 27,15-26, die zahlreiche Tatbestände, die andernorts durch *mot*-Sätze sanktioniert werden, mit einer Fluchformel belegen, die vom Volk mit „Amen" bestätigt wird. Die Ausführung des Fluches wird Gott überlassen. Damit wird deutlich, dass die aus Levitikus und Exodus übernommenen Tatbestände v. a. hinsichtlich sexueller Beziehungen letztlich genauso wie die anderen genannten Vergehen (z. B. den Grenzstein verrücken, was in der Regel ohne Zeugen geschieht, den Blinden den falschen Weg weisen, das Recht der Armen beugen, einen anderen heimlich, also ohne Zeugen, erschlagen) nicht vor einem menschlichen Gericht verhandelbar sind, sondern mit einem Fluch belegt und damit durch göttliche Intervention sanktioniert sind.

d. Auch der *mot*-Satz in Ez 18,13 ist nicht als menschliches Todesstrafrecht zu sehen, sondern als eine unbedingte Ächtung bestimmter Tatbestände, die dadurch geschieht, dass sie einem göttlichen Gericht unterstellt werden.

Es lässt sich also für eine ganze Reihe von *mot*-Sätzen und den damit verbundenen Tatbeständen zeigen, dass sie im Lichte anderer biblischer Texte nicht als menschliches Todesstrafrecht zu verstehen sind, sondern als zu ächtende Angelegenheiten, die Gottes direkter Supervision und Intervention unterstehen. Diese göttlichen Todesdrohungen sind als vorwegnehmendes Abschreckungsmittel in einer kleinen Gemeinschaft zu verstehen; sie unterstreichen in präventiver Form sehr wichtige ethische Grundsätze. Die passivische Formulierung überlässt es Gott, die Drohungen auszuführen, sollte in Zukunft jemand gegen die ausgesprochene Norm verstoßen.

Nicht „Todesstrafe", sondern starke Ermahnung

Aus all dem ist der Schluss zu ziehen, dass die *mot*-Sätze und damit letztlich auch die anders formulierten Todessanktionen vornehmlich beispielgebenden und ermahnenden Charakter haben.

Die *mot*-Sätze fassen in Worte, *was unter keinen Umständen vorkommen darf.* Es geht nicht um Strafe, denn es fehlen weitgehend die Ausführungsbestimmungen, sondern um den zu ächtenden Tatbestand. Die biblischen Strafbestimmungen dienen vielfach dazu, die Abscheulichkeit eines Verbrechens zu betonen. So hat man wohl häufiger von der „Todesstrafe" gesprochen, ohne sie tatsächlich zu vollziehen. Das so genannte „Todesrecht" ist kein Recht im engeren Sinne, sondern ein Ethos. Die *mot*-Sätze gehören nicht in das Strafrecht, in die „Justiz", sondern sind Drohungen von Gemeindevorstehern, die ethische Grundregeln einschärfen wollen. Es geht – trotz der harten Worte – letztlich um Ermahnung und Warnung. Daher ist aus dem Alten Testament die Todesstrafe nicht zu begründen.

Literaturauswahl siehe Seite 122 ff.

Schenk jedem Lebenden deine Gabe,
und auch dem Toten versage deine Liebe nicht!

(Sir 7,33)

Tobias Nicklas

Fürbitte für die Toten und Fürsprache der Toten

Wenn mit dem Tode nicht alles aus ist, wenn es die Erwartung auf eine Auferstehung, ein Weiterleben bei Gott gibt, dann kann sich damit die Hoffnung verbinden, dass auch jenseits des Todes noch eine Verbindung mit Verstorbenen aufrecht erhalten werden kann. Möglich ist auch der Gedanke, dass die Verstorbenen an denen interessiert sind, die noch am Leben sind, und dass sie vielleicht gerade aufgrund ihrer nun veränderten Beziehung zu Gott Bitten der Lebenden an diesen weitertragen können. Denkbar aber ist auch, dass noch Lebende sich aufgrund ihrer liebenden Verbindung zu Verstorbenen wünschen, diesen in irgendeiner Weise zur Erlösung zu verhelfen.

Fürbitte für die Toten

Die Frage, ob *die* Bibel den Gedanken einer Fürbitte für die Verstorbenen kennt – und wie sie zu ihm steht – ist gar nicht so einfach zu beantworten, wie es auf den ersten Blick scheint. Es kommt nämlich darauf an, *welche Bibel* man zu Rate zieht bzw. welche Bücher man als „kanonisch", d.h. als Teil der Heiligen Schrift, betrachtet.

2. Makkabäerbuch

Das wichtigste Zeugnis für eine mögliche „Fürbitte für die Toten" findet sich im 2. Makkabäerbuch, dem Auszug eines fünfbändigen Geschichtswerks, das auf einen ansonsten unbekannten *Jason von Kyrene* zurückgeht. Jasons (inzwischen verlorenes) Geschichtswerk dürfte schon kurz nach 160 v. Chr. entstanden sein. Das uns heute vorliegende 2. Makkabäerbuch wird am ehesten in die Zeit vor der Eroberung Jerusalems durch die Römer (63 v. Chr.) zu datieren sein. Ein erster Hauptteil dieses Buches thematisiert die Entweihung des Jerusalemer Tempels unter dem seleukidischen Herrscher Antiochus IV. Epiphanes (zwischen 167 und 164 v. Chr.), die sich daran anschließende brutale Religionsverfolgung, die in dramatische Martyrien mündet, und, nachdem sich Gott wieder seines Volkes erbarmt, die Wiedereroberung Jerusalems und Wiedereinweihung des Tempels unter der Führung des Judas Makkabäus. In einem zweiten Teil wird geschildert, wie mit Hilfe Gottes das Wiedererrungene gegen die seleukidische Übermacht verteidigt werden kann. Kapitel 12 erzählt einige kleinere kriegerische Handlungen, in denen Judas und seine Gefolgsleute das Volk von verschiedenen Feinden befreien. Nach einer Schlacht gegen Gorgias, den Statthalter von Idumäa (12,32-37), sammelt Judas sein Heer. Als die gefallenen Juden untersucht und zur Bestattung vorbereitet werden, zeigt sich, dass diese nicht auf die Hilfe JHWHs, sondern auf Amulette von Götzenbildern vertraut haben (12,40). Diese Verfehlung wird nicht nur als der Grund ihres Todes interpretiert, sie erfordert auch von den Übriggebliebenen die vollständige Reinigung, um die so belastete Beziehung zu Gott, den das 2. Makkabäerbuch als den entscheidenden Urheber der Siege über die Feinde sieht, wieder ins Lot zu bringen. In diesem Zusammenhang fallen folgende Sätze (12,43-45):

Nachdem er [Judas Makkabäus] von Mann zu Mann eine Kollekte veranstaltet hatte, übersandte er gegen 2000 Silberdrachmen nach Jerusalem zur Darbringung eines Opfers wegen der Sünde. Er tat gut daran und klug, im Gedanken an die Auferstehung. Denn wenn er nicht erwartet hätte, dass die Gefallenen auferstehen würden, so wäre ein Gebet für die Toten überflüssig und töricht gewesen. Er sah dabei aber auch, dass denen, die in Frömmigkeit entschlafen waren, der herrlichste Lohn winkt, eine heilige und fromme Überlegung. Daher verrichtete er für die Toten das Sühnopfer, damit sie von den Sünden erlöst würden.

Die Frage, ob dieser Text eventuell erst im Verlaufe der Textüberlieferung durch spätere Kopisten in den Text des 2. Makkabäerbuches eingedrungen ist oder nicht, ist in der Forschung umstritten. Der vorliegende Text jedenfalls befürwortet eindeutig die Tat des Judas. Dabei fällt Folgendes auf:

(1) Das gesamte Heer des Makkabäers ist durch die Sünde der Gefallenen betroffen. Auch die Kollekte für das Sühnopfer in Jerusalem wird von allen getragen.

(2) Der Gedanke des Sühnopfers verbindet sich mit der Vorstellung eines Gebets für die Toten.

(3) Der Sinn des Gebets für die Toten ergibt sich aus der Vorstellung einer Auferstehung der Toten, und zwar offenbar nicht nur der Gerechten, sondern auch von Sündern wie den Gefallenen. Möglicherweise ist deren Auferstehung allerdings nur unter der Bedingung der fürbittenden Sühne möglich. Wo dies nicht geschieht – so z. B. im Falle des Verfolgerkönigs Antiochus Epiphanes – wird Auferstehung für unmöglich gehalten (vgl. 2Makk 7,14).

(4) Wie das 2. Buch der Makkabäer sich diese Auferstehung *konkret* vorstellt, wird vom Text nicht näher angesprochen. Vorausgesetzt wird die Idee eines „Lohnes" oder „Siegespreises" – das griechische Original könnte auch als „Denkmal des Dankes" bzw. der „Gnade" übersetzt werden – zumindest für die Frommen.

(5) Nicht ganz klar wird auch, wie sich der Text die Wirkung des Sühnopfers vorstellt. Befinden sich die Toten in einem Zwischenzustand, in dem Lebende noch stellvertretend für sie Reinigung und Sühne leisten können?

Die Idee des stellvertretenden Bittens bzw. der stellvertretenden Sühne findet sich aber nicht nur an dieser Stelle des 2. Makkabäerbuchs. Bereits in Kapitel 3 wird Heliodor, der Kanzler des seleukidischen Königs, nach seinem missglückten Versuch des Tempelraubs nur auf das fürbittende Versöhnungsopfer des Hohenpriesters Onias hin gerettet. Noch wichtiger aber ist der in 2Makk 7,32–33.37-38 sowie 8,2-5 zum Ausdruck kommende Gedanke, dass das Leiden und Sterben der Märtyrer *stellvertretend* für das Volk dieses entsühnt und den Zorn Gottes in Gnade verwandelt. Im Zentrum steht dabei das Verhältnis des Volkes (als Kollektiv) zu Gott, das durch die Schuld einzelner belastet, aber auch durch die Sühne anderer wieder ausgeglichen werden kann. Die Vorstellung einer leiblichen Auferweckung der Toten, die im 2. Makkabäerbuch immer wieder ganz deutlich zum Tragen kommt (7,9.11.14.23.29.36; 14,37-46; siehe S. 51 ff), beeinflusst diesen Gedanken in zweierlei Weise:

(1) Einerseits wird den *einzelnen* leidenden Gerechten in der unmittelbaren Auferstehung zu Gott Gerechtigkeit von Gott her zuteil.

(2) Andererseits scheint sich der Gedanke vom Volk *als Kollektiv,* das zu entsühnen ist, und in dem einzelne für andere ein Opfer leisten, auch auf die Verstorbenen – hier die Gefallenen – auszudehnen. Insgesamt soll das *ganze* Volk rein vor Gott stehen.

Etwas offener sind zwei neutestamentliche Stellen: In 1Kor 15,29 stellt Paulus den Korinthern die Frage, welchen Sinn es habe, dass einige Glieder der Gemeinde sich offensichtlich für die Toten taufen ließen, wenn gleichzeitig der Glaube an die Auferweckung der Toten umstritten sei. Paulus interessiert sich hier aber nicht in erster Linie für die eigenartige Praxis der Taufe für die Toten, deren Funktion sicherlich zumindest teilweise darin bestand, auch den Verstorbenen das Heil in Christus zu sichern. Dem Apostel geht es vielmehr um die Frage der *Auferweckung der Toten*. Die ihm offensichtlich nicht als problematisch erscheinende Praxis, sich für Tote taufen zu lassen, sei sinnlos, wenn die Verstorbenen nicht auch wirklich auferweckt würden.

Wenig aussagekräftig ist auch eine andere Stelle, die manchmal angeführt wird (2Tim 1,16-18):

Der Familie des Onesiphoros schenke der Herr sein Erbarmen, denn Onesiphoros hat mich oft getröstet und hat sich meiner Ketten nicht geschämt; als er nach Rom kam, suchte er unermüdlich nach mir, bis er mich fand. Der Herr gebe ihm, dass er beim Herrn Erbarmen findet an jenem Tag.

Die Stelle klingt zumindest so, als sei der genannte Onesiphoros zur Zeit der Abfassung des Briefes schon gestorben. Wenn dem tatsächlich so wäre, würde dies bedeuten, dass der Autor hier ganz offensichtlich ohne größere theologische Problematisierung Fürbitte für einen Verstorbenen leistet und diese Praxis offensichtlich als gegeben und unproblematisch ansieht.

Doch damit ist die Frage, wie *die* Bibel zur Fürbitte für die Toten steht, noch keineswegs beantwortet. Dies liegt daran, dass nicht jede „Bibel" gleich aussieht und das Thema der Fürbitte für die Toten in Texten diskutiert wird, die nicht in jeder kirchlichen Gemeinschaft in gleicher Weise anerkannt sind. Das 2. Makkabäerbuch, also der Text, der den vielleicht deutlichsten Hinweis auf die Möglichkeit einer Fürbitte für die Toten gibt, gilt in protestantischen Kirchen als apokryph (also nicht Teil der Bibel), während es in der römisch-katholischen Kirche als „deuterokanonisch" und damit als Teil des Alten Testaments eingeordnet wird.

2. Buch Esdras (4 Esra)

Ein anderer Text, der heute nur in ganz wenigen Kirchen, z. B. der russischen Orthodoxie, als „kanonisch" anerkannt ist, sich aber in vielen mittelalterlichen Handschriften der Vulgata, also der lateinischen Bibel, findet, ist das 2. Buch Esdras. Dieses setzt sich aus drei ursprünglich unabhängig voneinander entstandenen Texten zusammen. Kapitel 1–2 und Kapitel 15–16 sind die christlichen Texte 5Esra und 6Esra, die dem in den Kapiteln 3–14 erhaltenen 4. Buch Esra hinzugefügt wurden. Bei 4Esra handelt es um eine wahrscheinlich am Ende des 1. Jh. n.Chr. ursprünglich in hebräischer Sprache verfasste Apokalypse. Ihr jüdischer Autor reflektiert vor dem Hintergrund der katastrophalen Niederlage gegen die römische Herrschaft und der Zerstörung des Jerusalemer Tempels im Jahre 70 n.Chr. die Frage nach der Gerechtigkeit Gottes. Die dort erzählte „dritte Vision" Esras (6,35–9,25) reiht Fragen Esras an den offenbarenden Engel und die entsprechenden Antworten aneinander. Die fünfte Frage (7,75-101) wirft das Problem des Zustands der menschlichen Seele zwischen Tod und Endgericht bzw. „Neuer Schöpfung" auf. Dabei wird in drastischen Farben auch das Schicksal der Verdammten gezeichnet. Vor diesem Hintergrund stellt Esra seine sechste Frage (7,102-103):

Und ich [Esra] antwortete und sprach: Wenn ich Gnade in deinen Augen gefunden habe, zeige doch mir, deinem Knechte, ob am Tage des Gerichtes Gerechte Gottlose entschuldigen können oder für sie den Höchsten bitten, ob Väter für Söhne, ob Söhne für Väter, ob Brüder für Brüder, ob Verwandte für Nächste, ob Freunde für Geliebte.

Esras Frage berührt sich damit zumindest in einem Punkt ganz deutlich mit der eingangs vorgestellten Fragestellung. Sie motiviert sich offensichtlich aus der Problematik, dass enge Angehörige oder liebende Freunde das Bedürfnis haben, einer Person, die ihnen nahe steht, auch jenseits des Todes in der Stunde des göttlichen Gerichts beizustehen. Die Antwort des Engels ist erschreckend (7,104-105):

Und er antwortete mir und sprach: Da du Gnade in meinen Augen gefunden hast, werde ich dir auch dies zeigen. Der Tag des Gerichtes ist streng und zeigt allen das Siegel der Wahrheit. Denn wie jetzt kein Vater seinen Sohn sendet noch ein Sohn seinen Vater noch ein Herr seinen Knecht noch ein Freund seinen Geliebten, um für ihn krank zu sein oder zu schlafen oder zu essen oder zu genesen, so wird auch niemals jemand für einen andern bitten an jenem Tage . . . Denn dann wird ein jeglicher seine Ungerechtigkeiten oder Gerechtigkeiten selber tragen.

Als Esra daraufhin mit einer ganzen Reihe von Beispielen interveniert, in denen sich in der Geschichte Israels Fürsprache als wirksam gezeigt habe (7,106-110), verweist der Engel auf die Besonderheit des göttlichen Gerichts (7,111-115):

Und er antwortete mir und sprach: Die gegenwärtige Welt ist nicht das Ende, die Herrlichkeit in ihr dauert nicht ständig. Deshalb haben die Starken für Schwache gebeten. Denn der Gerichtstag wird das Ende dieser Zeit sein und der Anfang der künftigen, unsterblichen Zeit, in der die Vergänglichkeit vorüber ist, die Unmäßigkeit aufgehoben ist, der Unglaube weggenommen ist, Gerechtigkeit aber groß geworden ist, die Wahrheit entstanden. Deshalb wird dann niemand sich erbarmen können über den, der im Gericht unterlegen ist, noch den schädigen, der gesiegt hat.

An diesem Text sind mehrere Gedanken bemerkenswert. Wo an die Möglichkeit der Fürbitte für die Toten gedacht wird, besteht immer die Gefahr, sich das „Jenseits" bzw. besser das „Danach" zu sehr als bloßes Abbild, als Fortführung des „Hier" und „Jetzt" vorzustellen. 4Esra räumt die Gefahr dieses Missverständnisses mit deutlichen Worten aus. Mit dem „Tag des Gerichts" *endet die zeitliche Ordnung* und damit verbunden auch alles, was ihr entspricht. Der neuen Ordnung entsprechen die Begriffe „Glaube", „Gerechtigkeit" und „Wahrheit". In *dieser* Zeit sind Umkehr und gegenseitige Fürbitte möglich, im Gericht Gottes, das die zeitliche Ordnung unwiderruflich beendet, steht ein jeder für sich selbst vor Gott. Dies wird in 4Esra nicht nur in seinen negativen Auswirkungen gesehen, der Text weist vielmehr auch auf eine positive Seite dieser Veränderung hin. Zwar ist keine Einflussnahme durch die Fürbitte für einen anderen mehr möglich, dies bedeutet aber auch umgekehrt, dass ein Gerechter nicht durch die negative Einflussnahme eines anderen zu Fall gebracht werden könnte. Jede Person steht im Endgericht für sich vor Gott. Ob damit vielleicht wenigstens für den Zwischenzustand *vor dem* Gericht Gottes noch Fürbitte möglich ist, wird im Text nicht ganz klar; die in Kapitel 7 angedeuteten Vorstellungen vom Schicksal der Verstorbenen vor dem Endgericht scheinen dies eher nicht nahe zu legen. Wer nun geneigt ist, diesen Text als grausam und hart zu lesen, der sei daran erinnert, dass die Aussage sich nicht an Personen richtet, die in Liebe Fürbitte für ihre Verstorbenen leisten möchten! Sie zielt vielmehr auf denjenigen, der sich zu sehr auf die Möglichkeit verlässt, aufgrund der Fürbitte Gerechter im Gericht Gottes gerettet zu werden. Solchen Personen soll durch die unerbittliche Mahnung über das Endgericht klar gemacht werden, dass es *letztlich* auf sie selbst, auf ihre eigene Umkehr, ankommt.

Wie viele der so genannten „Pseudepigraphen des Alten Testaments" wurde 4Esra einige Zeit nach seiner Entstehung nur noch innerhalb christlicher Kirchen überliefert. Hier aber bedeutete gerade der erwähnte Abschnitt ein echtes theologisches Problem. Auf welch handfeste Weise dies gelöst wurde, zeigt sich auch an der Textüberlieferung von 4Esra im Lateinischen. In einem großen Teil der lateinischen Handschriften, in denen 4Esra überliefert ist, fehlt die Passage 7,35-106. Erst im Jahre 1875 veröffentlichte R. L. Bensly mit dem sog. „Amiens-Manuskript" eine lateinische Handschrift, die den gesamten Text von 4Esra enthält. Inzwischen sind acht solcher Handschriften bekannt. Gleichzeitig entdeckte er den Grund für das Fehlen der Passage. Im Manuskript S, einer zweibändigen Bibel aus St. Germain de Prés (Frankreich, datiert auf 821/22 n.Chr.) wurde genau diese Seite offensichtlich bewusst herausgerissen. Alle Handschriften, in denen 7,35-106 fehlt, gehen offensichtlich auf S zurück. Liegt der Grund hierfür eventuell darin, dass die fehlende Seite V. 105 enthielt, in dem die Möglichkeit der Fürbitte für die Toten bestritten wird?

Die syrische Baruchapokalypse (syrBar; 2Bar)

Auf jeden Fall war mit 4Esra die Diskussion um eine Fürbitte für die Toten im antiken Judentum wie auch im frühen Christentum, das diese Texte rezipierte, keineswegs beendet. Auch andere Texte bemühten sich, den Gedanken an eine mögliche Fürbitte für die Toten zu entkräften. So beschäftigt sich auch die syrische Baruchapokalypse (= 2Baruch), die wie 4Esra in der Zeit zwischen der Niederlage im Ersten Jüdischen Krieg (70 n.Chr.) und dem Aufstand unter Bar Kochba (132-135 n.Chr.) entstanden sein dürfte, mit dieser Frage. Dieses Buch lässt sich in insgesamt vier Teile aufgliedern: Kapitel 1–8 schildern die Zerstörung Jerusalems (durch die Babylonier), Kapitel 9–12 Baruchs Klagelied, das durch je sieben

Tage des Fastens gerahmt ist, in den Kapiteln 13–74 empfängt Baruch eine Reihe von Offenbarungen im Hinblick auf die Rettung des Volkes, und im Schluss finden sich Baruchs letzte Worte (75–77) und ein Brief an die neuneinhalb Stämme in der Diaspora (78–87). Das einzige Manuskript, welches das in seinem griechischen Original nur in Fragmenten erhaltene 2Baruch vollständig in syrischer Sprache überliefert, ist der *Codex Ambrosianus*, das älteste erhaltene Exemplar des syrischen Alten Testaments. Während das Gesamtwerk im syrischen Raum später offensichtlich nicht mehr weiter überliefert wurde, fand der den Text abschließende *Brief des Baruch* Eingang in syrische Bibeln. Innerhalb dieses Briefes steht eine Passage (85,1-15), die zu dem hier vorliegenden Problem Stellung nimmt. Ähnlich wie 4Esra legt 2Baruch Wert darauf zu betonen, dass mit dem Tod eine neue Ordnung anbricht, in der die Möglichkeit des Beistands der Gerechten für die Ungerechten wie auch viele andere Dinge nicht mehr bestehen (85,12):

> *Denn siehe, der Höchste wird all dieses kommen lassen. Dort wird dann nicht mehr Gelegenheit für Reue sein und keine Grenze für die Zeiten, auch keine Dauer für die Perioden, kein Wechsel auch zur Ruhe und nicht Gelegenheit für ein Gebet; ein Aufsteigen der Bitten wird es nicht mehr geben und kein Erlangen von Erkenntnis, auch nicht die Gabe der Liebe und nicht Gelegenheit für Umkehr; es gibt kein Flehen mehr für Übertretungen und keine Gebete der Väter, kein Flehen der Propheten und keinen Beistand der Gerechten.*

Fürsprache der Toten für die Lebenden

> *Hier liegt Martin der Bischof heiliger Erinnerung, dessen Seele in der Hand Gottes ist, aber er ist ganz hier. Anwesend wird er offenbar dank Wundertaten aller Art.*
> (Inschrift am Grab des Martin von Tours)

> *Paulus und Petrus, denkt an Sozomenus, und auch du, der es liest!*
> (Inschrift einer römischen Katakombe)

> *Mein Herr, allmächtiger Gott und Heiliger Philoxenus, mein Patron, ich bitte euch beim großen Namen Gottes des Herrn, wenn es euer Wille ist und ihr mir helft, das Bankwesen zu übernehmen, bitte ich euch zu gestatten, es mir zu lehren, und zu sprechen.*

(Christliches Gebet zu einem Heiligen, der als Orakel fungiert;
Oberägypten, auf einem Papyrus des 6. Jahrhunderts)

Drei Beispiele aus verschiedenen christlichen Hintergründen
und unterschiedlichen Regionen in der späten Antike zeigen, welche Rolle Heilige im Gebet antiker Christen spielen konnten und
was man sich konkret von ihnen erhoffte. Welche biblischen Wurzeln dieser Praxis lassen sich anführen? Einerseits muss betont
werden, dass das Alte Testament jede Form der Totenbeschwörung
und damit verbundene magische Praktiken strikt ablehnt, wie
etwa in 1Sam 28; Lev 19,31; 20,6.27; Dtn 18,11 (s. o., S. 23 ff) unmissverständlich klar gemacht wird. Dies ist andererseits aber kein
Widerspruch dazu, dass zumindest an einer Stelle ein deutlicher
Hinweis auf die Fürsprache verstorbener Gerechter für ihr Volk
steht.

2. Makkabäerbuch

Wieder ist zum 2. Makkabäerbuch zu greifen. Kurz vor der entscheidenden Schlacht gegen seinen Erzfeind Nikanor berichtet Judas Makkabäus seinem Heer von einer Vision, die ihm zuteil geworden sei: Anders also als Saul hat Judas nicht den Geist eines
Toten beschwören lassen, die ihm zuteil werdende Offenbarung
geschieht aus Gottes Initiative. Erschienen sei zunächst der verstorbene Onias – für das 2. Makkabäerbuch der Inbegriff des frommen, gottgefälligen Hohenpriesters – , der für das Volk gebetet
habe (15,12). Der Text fährt in folgender Weise fort (15,13-16):

*Daraufhin sei in der gleichen Weise ein durch weißes Haar und
glanzvolle Erscheinung ausgezeichneter Mann erschienen, umgeben
von bewundernswerter und großartiger Majestät. Onias aber habe das
Wort genommen und gesagt: „Dieser bruderliebende Mann ist der, der
so oft für das Volk und die Heilige Stadt gebetet hat, Jeremia, der
Prophet Gottes." Jeremia aber habe die Rechte ausgestreckt und dem
Judas ein goldenes Schwert übergeben, bei der Übergabe aber noch
gesagt: „Nimm das heilige Schwert als Geschenk Gottes; mit ihm wirst
du die Feinde zerschmettern."*

Der Text bezeugt die Vorstellung, dass gerechte Verstorbene (wie
Onias), vor allem aber Propheten, nach dem Tode die Möglichkeit
haben, für das Volk Israel einzutreten. In diesem Falle könnte auch

eine Rolle spielen, dass sowohl Onias, dessen Ermordung in 2Makk 4,34 erzählt wird, als auch Jeremia als Märtyrer angesehen werden. Die Vorstellung, dass Märtyrer für JHWH von diesem zum ewigen Leben auferweckt werden, erwähnt schon in 2Makk 7,9, wo einer der zu Tode gefolterten jüdischen Jünglinge zum Verfolgerkönig Antiochus IV. sagt (ähnlich 7,11.14.23.29):

Du Missetäter trennst uns zwar von diesem Augenblick an vom Leben, aber der König der Welt wird uns, die wir für seine Gesetze gestorben sind, auferstehen lassen zum ewigen Leben.

Onias fungiert in der Vision des 15. Kapitels zudem als eine Art von Mittler zwischen Judas und Jeremia, während Letzterer offensichtlich in Verbindung mit Gott gesehen wird und als ein dauernder Fürsprecher für Israel sowie insbesondere Jerusalem – wohl auch nach seinem Tode.

Liber Antiquitatum Biblicarum (LAB)

Wie sehr der Gedanke, dass eine Möglichkeit der Fürsprache großer gerechter Gestalten der Vergangenheit auch über ihren Tod hinaus besteht, verbreitet war, bezeugen selbst Texte, die sich (mehr oder weniger deutlich) gegen sie aussprechen. Der einst Philo von Alexandrien zugesprochene, aber von einem anonymen Autor stammende *Liber Antiquitatum Biblicarum* (LAB) entstand wie auch 4Esra und 2Baruch zwischen 70 n.Chr. und 132 n.Chr. wohl in Auseinandersetzung mit der Zerstörung des Zweiten Tempels in Jerusalem. Der ursprünglich hebräische, jetzt nur noch in lateinischer Sprache überlieferte Text reflektiert die Geschichte Israels von Adam bis zum Tode Sauls „als Raum göttlichen Anspruchs und menschlicher Antwort, göttlicher Verheißung und menschlichen Versagens, göttlicher Treue und menschlichen Überlebens kraft dieser Treue" (C. Dietzfelbinger, 91). Er verarbeitet dabei in erster Linie biblisches Material und könnte z. T. als regelrechte Paraphrase biblischer Texte interpretiert werden. Das 33. Kapitel des Buches erzählt vom Ende Deboras und ihren letzten Worten, ihrem „Testament" (V. 2-3):

Siehe, ich breche auf, um zu sterben, auf den Weg der ganzen Erde, wohin ihr auch gehen werdet. Nur richtet euer Herz auf den Herrn, euren Gott, in der Zeit eures Lebens; denn nach eurem Tod werdet ihr für das, was ihr lebtet, nicht Buße tun können. Bestimmt nämlich ist

dann schon der Tod und vollendet ist schon Maß und Zeit, und die
Jahre haben ihr Anvertrautes erstattet. Denn wenn ihr darauf aus seid,
in der Unterwelt nach eurem Tod böse zu handeln, werdet ihr so nicht
(handeln) können; denn die Begierde zu sündigen, wird aufhören, und
das böse Geschöpf wird seine Macht verlieren, weil auch die Unterwelt,
die sich das Anvertraute nimmt, (es) nicht zurückgeben wird, wenn
(es) nicht (der) von ihr zurückfordert, der (es) ihr anvertraut hat. Jetzt
also, ihr meine Söhne, hört auf meine Stimme, solange ihr die Zeit des
Lebens habt, und richtet eure Wege auf das Licht des Gesetzes.

Nach diesen Worten, deren Anfang an die Rede des sterbenden
Josua (Jos 23,14) erinnert, beginnen die Anwesenden zu weinen.
Einmütig bitten sie darum, dass Deboras Seele ihrer in Ewigkeit –
also auch nach dem unmittelbar bevorstehenden Tode – eingedenk
sein soll. Debora weist diese Vorstellung deutlich zurück (33,5):
Solange der Mensch lebt, kann er beten für sich und seine Söhne; nach
seinem Ende wird er nicht beten, vielmehr auch niemandes eingedenk
sein können. Darum hofft nicht auf eure Väter. Sie werden euch näm-
lich nicht nützen, wenn ihr ihnen nicht ähnlich erfunden werdet. Es
wird aber eure Gestalt dann sein wie die Gestirne des Himmels, die
jetzt bei euch bekannt sind.

Bereits die erste Rede Deboras lehnt die Möglichkeit einer Buße
nach dem Tode mit einem ähnlichen Argument wie 4 Esra ab: Mit
dem Tod – LAB spricht hier nicht erst vom Endgericht Gottes! –
sind die Zeit und ihre Ordnung zum Ende gekommen. Mit dem
Ende der zeitlichen Ordnung aber hat auch der Wille, Böses oder
Gutes zu tun, aufgehört. Nur Gott kann aus der Unterwelt befreien.
Der Fokus der Rede aber richtet sich ähnlich wie in 4 Esra auf das
„Jetzt", auf die Möglichkeiten innerhalb der zeitlichen Ordnung:
Jetzt besteht noch die Möglichkeit, seine Wege nach dem „Licht des
Gesetzes" auszurichten, die einmalige Chance des *jetzigen Lebens*
ist unbedingt zu nutzen. Was für die Möglichkeit, Buße zu tun, gilt,
gilt aber mit V. 5 auch für die Möglichkeit, sich an die noch Lebenden zu erinnern und damit Fürsprache für sie zu leisten. Nicht die
(gerechten) Väter haben es in der Hand, durch ihre Fürsprache die
jetzige Generation zu retten, dieser muss dies vielmehr selbst gelingen. Die Geretteten aber werden in vollkommen verwandelter
Gestalt – ähnlich den Sternen – auferstehen. Der Text, der so deutlich die Möglichkeit der Fürsprache bzw. des bittenden Gebets
großer Gerechter der Vergangenheit vor Gott abstreitet, lässt sich

gleichzeitig auch als ein Zeugnis dafür lesen, dass diese Vorstellung offensichtlich zur Zeit seiner Entstehung weit verbreitet war. So wird berichtet, dass *alle* Anwesenden – offensichtlich die Führenden des Volkes – Debora um ihre Fürsprache nach dem Tode bitten. Vor allem aber wichtig ist der Impuls, der vom Text ausgeht: „Hofft nicht zu sehr auf die Fürsprache der Gerechten, setzt auf ein gerechtes Leben im Diesseits". Eine derartige Mahnung zeigt ja, dass es offensichtlich notwendig erschien, dies immer wieder zu betonen.

Neues Testament (Joh 5,45)

Möglicherweise setzt auch ein Text des Neuen Testaments, Joh 5,45, die Idee der Fürsprache einer großen Gestalt der Vergangenheit voraus. Nach der Heilung eines seit 38 Jahren Gelähmten am Sabbat (Joh 5,1-9) wird Jesus von seinen jüdischen Gegnern der Vorwurf gemacht, das Sabbatgebot gebrochen zu haben. Jesus begründet sein Tun damit, dass dieses eins mit dem seines Vaters sei (Joh 5,17). Auf die verschärfte Reaktion der „Juden", die ihn nun wegen Blasphemie sogar zu töten suchen (5,18), antwortet Jesus mit einer Offenbarungsrede, die seine Vollmacht thematisiert, die in der Einheit mit seinem Vater begründet sei. Ab V. 31 begründet Jesus seine Legitimation aufgrund des Zeugnisses Johannes (des Täufers) (5,32-35), dessen der Werke, die ihm vom Vater übertragen seien (5,36) sowie des in der Schrift manifestierten Zeugnisses des Vaters selbst (5,37-39). Im Rahmen des Gedankenganges, dass Jesus vom Vater gesandt sei, die „Juden" ihn aber ablehnten, wirft Jesus seinen Gegnern vor (5,45):

Denkt nicht, dass ich euch beim Vater anklagen werde; Mose klagt euch an, auf den ihr eure Hoffnung gesetzt habt.

Wahrscheinlich ist hier an eine Szene im Endgericht Gottes gedacht. Vorausgesetzt ist dabei offensichtlich, dass die jüdischen Gegner Jesu erwarten, Mose werde in diesem Endgericht für sie eintreten. Die Spitze des Textes richtet sich also gegen die, die erwarten, in Mose einen Fürsprecher zu haben, aber den eigentlichen Gesandten Gottes – für das Johannesevangelium Jesus – ablehnen. Diese können nicht mit der Fürsprache des Mose, sondern müssen mit seiner Anklage rechnen. Der Text – eine Parallele findet sich darüber hinaus in einem apokryphen Evangelium, das nur in

Fragmenten auf Papyrus Egerton 2 (etwa 200 n.Chr.), einem der ältesten Zeugnisse des antiken Christentums überhaupt, erhalten ist – kann also nicht eigentlich als Zeuge gegen die *Möglichkeit* der Fürsprache eines Gerechten im endzeitlichen Gericht gewertet werden. Vielmehr soll Folgendes zum Ausdruck gebracht werden: Wer *im Jetzt* den Offenbarer Gottes ablehnt, hat *im endzeitlichen Gericht* nicht mit Fürsprache, sondern mit Anklage zu rechnen. Eine ähnliche Vorstellung wie die in Joh 5,45 vorausgesetzte findet sich in einem Text Philos von Alexandrien (geb. ca. 20/15 v. Chr.; gest. um 50 n. Chr.). Dieser jüdische Philosoph bezeugt in seinem Werk „Über Belohnungen und Strafen" in Kap. 165–167 die Vorstellung, dass „drei himmlische Helfer" zur Versöhnung des Volkes beitragen. Einer davon ist „die Frömmigkeit der Erzväter des Volkes, die mit ihren vom Körper losgelösten Seelen die reine und lautere Verehrung dem Herrn darbringen und die Gebete für ihre Söhne und Töchter an ihn zu richten pflegen, die nicht unerfüllt bleiben, da der Vater ihnen zur Belohnung die Erhörung ihrer Gebete gewährt hat."

Vitae Prophetarum

Andere Texte setzen die Möglichkeit voraus, dass das Gebet gerechter Verstorbener, v.a. von Märtyrern, ganz konkret wirksam bleibt. Bei den so genannten *Vitae Prophetarum* handelt es sich um eine Sammlung von insgesamt 23 legendarischen Kurzbiographien zu alttestamentlichen Propheten. Der Schwerpunkt ihres Interesses liegt auf dem Tod und den Begräbnisstätten der einzelnen Propheten. Wie umstritten Entstehungszeit und Hintergrund dieser Texte ist, zeigt sich schon darin, dass unklar ist, ob es sich um eine jüdische oder eine christliche Sammlung handelt, und dass die Versuche, sie zu datieren, zwischen dem 2. und dem 4./5. Jahrhundert n.Chr. schwanken. Einiges spricht jedoch dafür, dass zumindest der Kern der Texte jüdischen Ursprungs ist, dass diese aber ab einem bestimmten Punkt nur noch von christlicher Seite überliefert und dabei wohl auch überarbeitet wurden. Für die Frage nach antiken Vorstellungen über die Wirksamkeit des Gebetes Verstorbener ist v.a. die Jesaja-Vita von Interesse. V. 1 erzählt knapp vom Martyrium des Jesaja unter König Manasse von Juda und seiner Beisetzung. Dem folgt eine zweiteilige Legende um das auf das Gebet des Jesaja hin wunderbar fließende Wasser des Siloah, darunter ein Quellwunder, das die Bevölkerung Jerusalems bei der Belagerung durch Sanherib (2Kön 18-20; 2Chr 32; Jes 36-39) vor dem Verdursten gerettet habe. Dieser Abschnitt endet in folgendem Satz (V. 5):

Und da ja dieses durch Jesaja geschah, begrub ihn das Volk um des Andenkens willen in der Nähe mit Sorgfalt und Pracht, damit es durch seine Gebete auch nach seinem Tode in gleicher Weise in den Genuss des Wassers käme, denn es war ihnen auch eine Weissagung über es gegeben worden.

Wie die Entstehung des Siloah nach der Legende auf Jesaja zurückgeht, so fungiert dieser auch nach seinem Tode als der, durch dessen Gebete das Wasser des Siloah – einer intermittierenden Quelle – weiterhin fließt. Die Möglichkeit, dass der Prophet Jesaja auch nach seinem Martyrium noch durch Gebete für das Volk, das ihm ein prächtiges Begräbnis zukommen hat lassen, tätig wird, indem er das Quellwasser fließen lässt, wird hier einfach vorausgesetzt – wohl ein Zeichen dafür, dass die Fürsprache des Toten zumindest in einigen Kreisen gar nicht in Frage gestellt wurde. Auch das Bild von Auferstehung wird nicht reflektiert, Jesaja muss jedenfalls in irgendeiner Weise „lebendig" vorgestellt werden. Selbst wenn dies an einer Art „Wohnort der Gerechten" sein sollte, muss eine Verbindung zum Grab – bewusst oder unbewusst – in den Gedanken einbezogen sein. Die *Vitae Prophetarum* stehen mit ihren Vorstellungen keineswegs allein: Auch einige andere v.a. deuterokanonische Texte des Alten Testaments lassen sich als Zeugnis dafür auswerten, dass auch jenseits des Todes so etwas wie eine Verbindung zum Verstorbenen aufrecht erhalten werden könnte. So fordert die eingangs zitierte Stelle aus dem Buch Jesus Sirach 7,33, einer Weisheitsschrift vom Beginn des 2. Jahrhunderts v. Chr., dazu auf, auch den Toten die Liebe nicht zu versagen. Eine geheimnisvolle Passage in Tob 4,17 verlangt, „Brote auf das Grab der Gerechten" zu schütten und sie nicht den Sündern zu geben. Die Einheitsübersetzung vereinfacht hier, wenn sie davon schreibt, dass Brot „beim Begräbnis der Gerechten" zu spenden sei. Ist hier an eine Art von Totenspeisung gedacht?

Aber auch die Archäologie spricht ein beredtes Zeugnis: Bereits zur Zeit Herodes des Großen, also in der zweiten Hälfte des 1. Jh. v. Chr., lassen sich Belege für die Pilgerfahrt zu Gräbern der Patriarchen Israels erbringen. Eines der großen Bauprojekte des Herodes bestand darin, in der Höhle von Machpela, am tradierten Ort der Patriarchengräber in Hebron, ein Mausoleum zu errichten, das offensichtlich für eine große Zahl von Pilgern ausgerichtet war. Diese Praxis ist aber nur dann sinnvoll, wenn sich mit dem Besuch des Patriarchengrabes die Vorstellung verband, dem „Geist" des Patriarchen in besonderer Weise nahe sein zu können. Dabei dürfte auch die Vorstellung, dass dem verstorbenen Patriarchen die Möglichkeit der Fürsprache vor Gott gegeben war, eine Rolle gespielt haben.

Martyrium des Polykarp

Das Zeugnis vieler frühchristlicher Texte ist durchaus in enge Beziehung zu den hier deutlich werdenden jüdischen Ideen zu setzen. Vor allem der Gedanke, dass Märtyrer als Fürsprecher wirken können, ist bereits früh bezeugt. Das älteste Zeugnis für einen aufkommenden Märtyrerkult ist in einem Text zu finden, der den sog. „Apostolischen Vätern" zugeordnet wird, den neben einigen Apokryphen vielleicht ältesten Schriften des frühen Christentums, die nicht Teil des Neuen Testaments wurden. Das *Martyrium des Polykarp* erzählt vom Tode des Bischofs Polykarp von Smyrna, der als besonders vorbildlicher Märtyrer dargestellt wird. Der Text, der wahrscheinlich in der Mitte des 2. Jahrhunderts (möglicherweise in den Jahren 155/6) entstand, richtet sich in Briefform von der Kirche Smyrnas aus an „alle Gemeinden der heiligen und allgemeinen Kirche an jedem Ort." Er will also das Gedächtnis des Märtyrers über die eigene Tradition hinaus weitergeben. An mehreren Stellen (z. B. Kapitel 14 und 19,2) kommt die Vorstellung zum Ausdruck, dass Märtyrern die Auferstehung sofort nach ihrem Tode zuteil wird. Wie groß die Gefahr ist, aufgrund des Zeugnisses des Märtyrers seine sterblichen Überreste zu verehren oder in ihnen magische, möglicherweise heilende Kräfte zu vermuten, zeigt eine Passage kurz nach dem Tode des Märtyrers (17,1):

Als aber der Widersacher und Verleumder, der Böse, der gegen das Geschlecht der Gerechten ankämpft, die Größe seines Zeugnisses sah, den von Anfang an untadeligen Lebenswandel und ihn selbst, der bekränzt mit dem Kranz der Unsterblichkeit den unbestreitbaren Kampfpreis davontrug, da trachtete er danach, dass sein Leichnam von uns nicht weggetragen werde, obwohl viele wünschten, dies zu tun und mit seinem heiligen Fleisch Gemeinschaft zu haben.

Die Tendenz zu einer übermäßigen, sicherlich magisch verstandenen Verehrung der Gebeine von Märtyrern scheint hier also indirekt auf. Der Text bezeichnet sie als Werk des Teufels und beeilt sich, wenig später deutlich zu machen, was unter angemessener Verehrung von Märtyrern zu verstehen ist (17,3):

Denn diesen [Christus] verehren wir als den Sohn Gottes, die Märtyrer aber lieben wir in angemessener Weise als Jünger und Nachahmer des Herrn wegen der unüberbietbaren Zuneigung zu ihrem König und Lehrer!

Trotzdem gelten die sterblichen Überreste des Polykarp als „edler als Edelsteine und kostbarer als Gold" (18,2). Auch der Text in 18,3 gibt die Entstehung eines Kultes um den Verstorbenen wider:

Dort [am Grab des Märtyrers] wird uns, die wir uns nach Möglichkeit in Jubel und Freude dort versammeln, der Herr die Feier des Tages seines Martyriums ermöglichen, zum Gedächtnis derer, die zuvor gekämpft haben, und zur Übung und Vorbereitung für die, denen dies bevorsteht.

Warum die Märtyrer für die Hinterbliebenen Fürbitte leisten können, macht Origenes (185-253) in seiner Schrift über das Martyrium deutlich: Märtyrer können den auf der Erde zurückgelassenen Familienmitgliedern Wohltaten erweisen, weil sie „Freunde Gottes" (*Mart.* 37) geworden sind.

Fazit

(1) Sowohl die Frage nach der Fürbitte für die Toten wie auch das Problem möglicher Fürsprache der Verstorbenen wurde im frühen Judentum wie auch im antiken Christentum kontrovers diskutiert. Was in der Theorie umstritten blieb, scheint aber in der Frömmigkeitspraxis des Volkes weitgehend ungefragt akzeptiert und vorausgesetzt worden zu sein.

(2) Das Problem, ob eine Fürbitte für die Toten bzw. eine Fürsprache von Verstorbenen möglich ist, hängt eng mit der *eschatologischen* Frage zusammen, wie das „Danach" der Auferstehung vorgestellt wurde: Wo die völlige Andersartigkeit der Ordnung des „Danach" herausgestellt wird, wird meist auch die Möglichkeit der Fürbitte bzw. Fürsprache verneint.

(3) Mit dem Problem der Fürbitte für die Toten verbinden sich verschiedene *anthropologische* Vorstellungen: Wo der einzelne in seinen Bindungen oder gar in erster Linie als Teil des Kollektivs „Israel" gesehen wird, ist eher Platz für den Gedanken der gegenseitigen Fürbitte bzw. Fürsprache. Wo die Rolle des Individualismus betont wird, tritt die Idee der Fürbitte bzw. Fürsprache eher zurück.

(4) Die Frage hat aber auch eine *ethische Stoßrichtung*: Zumindest dort, wo die Möglichkeit der Fürsprache gerechter Verstorbener abgelehnt wird, versteht sich dies nicht als allgemeine Aussage, sondern als Ermahnung, die Unbedingtheit der Verantwortung für sein Leben im „Jetzt" wahrzunehmen und nicht auf die spätere Hilfe anderer zu bauen.

(5) Die gestellte Frage hat auch mit der Gottesvorstellung zu tun. Wo Gott als der gerecht wägende Richter der Endzeit dargestellt wird, tritt der Gedanke der Fürsprache bzw. Fürbitte eher zurück. Vor diesem Hintergrund könnte auch die Frage gestellt werden, ob es nicht eine Vermenschlichung, eine Verkleinerung Gottes bedeutet, wenn man glaubt, Fürbitte für die Toten oder Fürsprache der gerechten Verstorbenen sei denkbar oder gar notwendig. Wo aber die Motivation des Gedankens der Fürbitte für die Verstorbenen für die Hinterbliebenen im bleibenden Band der Liebe besteht, wo die Hoffnung darauf besteht, dass auch die Liebe der Verstorbenen nicht erlischt, sondern bei und in Gott bleibt, da könnte diese Liebe als ein schwacher Spiegel der Liebe des in der Bibel immer wieder als barmherzig gezeichneten Gottes interpretiert werden, die Urgrund jeder Hoffnung auf Auferstehung ist.

Literaturauswahl

Sichtweisen des Todes im Alten und Neuen Testament

Angerstorfer, A., Der Mensch nach Ps 39,6f und Targum Ps 39,6f. Vergänglichkeitsaussage und Auferstehungshoffnung, in: *E. Haag/F.-L. Hossfeld* (Hg.), Freude an der Weisung des Herrn, FS H. Groß, SBB 13, Stuttgart 1986, 1-15.

Barth, C., Die Errettung vom Tode in den individuellen Klage- und Dankliedern des Alten Testaments, neu hg. von B. Janowski, Stuttgart u. a. 1997.

Beuken, W.A.M., „Deine Toten werden leben" (Jes 26,19). „Kindliche Vernunft" oder reifer Glaube?, in: *Kratz, R.G.* u. a. (Hg.), Schriftauslegung in der Schrift, FS O.H. Steck (BZAW 300), Berlin/New York 2000, 139-152.

Bieberstein, K./Bieberstein, S., Angesichts des Todes das Leben formulieren. Abschiedsworte Sterbender in der biblischen Literatur, in: JBTh 19 (2004) 3-47.

Crüsemann, F., Rhetorische Fragen!? Eine Aufkündigung des Konsenses über Psalm 88:11-13 und seine Bedeutung für das alttestamentliche Reden von Gott und Tod, in: Biblical Interpretation 11 (2003) 345-360.

Di Lella, A.A., Sirach 22,9-15: „The life of the fool is worse than death", in: *N. Calduch-Benages/J. Vermeylen* (eds.), Treasures of Wisdom, Studies in Ben Sira and the Book of Wisdom. FS M. Gilbert (BEThL 143), Leuven 1999, 159-168.

Dohmen, C., Schöpfung und Tod. Die Entfaltung theologischer und anthropologischer Konzeptionen in Gen 2–3 (SBB 35), Aktualisierte Neuausgabe, Stuttgart 1996.

Engel, H., Das Buch der Weisheit (NSK-AT 16), Stuttgart 1998.

Engel, H., Gerechtigkeit lieben oder den Tod. Die Alternativen der Lebensentscheidung nach dem Buch der Weisheit, In: JBTh 19 (2004) 173-193.

Fischbach, S. M., Totenerweckungen. Zur Geschichte einer Gattung (fzb 69), Würzburg 1992.

George, M.K., Death as the Beginning of Life in the Book of Ecclesiastes, in: *T. Linafelt* (ed.), Strange Fire: Reading the Bible After the Holocaust, Sheffield 2000, 280-293.

Görg, M., Ein Haus im Totenreich. Jenseitsvorstellungen in Israel und Ägypten, Düsseldorf 1998.

Gradl, F., Das Buch Ijob (NSK-AT 12), Stuttgart 2001.

Hanspach, A., Die Rede von der Gottebenbildlichkeit in der alttestamentlichen Weisheitsliteratur, in: *A. Michel/H.-J. Stipp* (Hg.), Gott Mensch Sprache (ATSAT 68), St. Ottilien 2001, 65-72.

Höffken, P., Das Buch Jesaja. Kapitel 1-39 (NSK-AT 18/1), Stuttgart 1993.

Hossfeld, F.-L./Zenger, E., Die Psalmen. Psalm 1-50 (Die Neue Echter Bibel), Würzburg 1993.

Jahnow, H., Das hebräische Leichenlied im Rahmen der Völkerdichtung, BZAW 36, Gießen 1923.

Janowski, B., Die Toten loben JHWH nicht. Psalm 88 und das alttestamentliche Todesverständnis, in: *F. Avemarie* (Hg.), Auferstehung – Resurrection, WUNT 135, Tübingen 2001, 3-45.

Jüngling, H.-W., Das Buch Jesaja, in: *E. Zenger* (Hg.), Einleitung in das AT, Stuttgart ⁵2004, 427-451.

Kaiser, O., Der Prophet Jesaja, Kapitel 13–39 (ATD 18), Göttingen ³1983.

Kaiser, O./Lohse, E., Tod und Leben, Stuttgart 1977.

Kittel, G., Befreit aus dem Rachen des Todes. Tod und Todesüberwindung im Alten und Neuen Testament, Göttingen 1999.

Kollmann, B., Totenerweckungen in der Bibel – Ausdruck von Protest und Zeichen der Hoffnung, in: JBTh 19 (2004) 120-141.

Krüger, T., Kohelet (Prediger), BK XIX Sonderband, Neukirchen-Vluyn 2000.

Krüger, T., Leben und Tod nach Kohelet und Paulus, in: JBTh 19 (2004) 195-216.

Lang, B. /Hentschel, G., Art. „Trauerbräuche", in: Neues Bibel-Lexikon Lfg. 14/15 (2001) 918-919.

Lohfink, G., Der letzte Tag Jesu. Was bei der Passion wirklich geschah, Stuttgart 2005.

Lohfink, N., Freu dich, Jüngling – doch nicht, weil du jung bist. Zum Formproblem im Schlussgedicht Kohelets (Koh 11,9–12,8), in: Biblical Interpretation 3 (1995) 159-189.

Lorenz, B., Bestattung und Totenkult im Alten Testament, in: Zeitschrift für Religions- und Geistesgeschichte 42 (1990) 21-31.

Meinhold, A., Die Sprüche, Teil 1 (ZBK 16,1), Zürich 1991.

Müller, H.-P., Drei Deutungen des Todes: Genesis 3, der Mythos von Adapa und die Sage von Gilgamesch, in: JBTh 6 (1991) 117-134.

Nötscher, F., Altorientalischer und alttestamentlicher Auferstehungsglaube, Würzburg 1926; durchgesehener und mit einem Nachtrag von Josef Scharbert herausgegebener Neudruck von 1970, Darmstadt 1980.

Ohler, A., Mit Gott um die Würde des Menschen ringen. Wie das Alte Testament vom Sterben spricht, in: Zeitschrift für medizinische Ethik 40 (1994) 223-232.

Podella, T., Nekromantie, in: ThQ 177 (1997) 121-133.

Podella, T., Art. „Scheol", in: Neues Bibel-Lexikon Lfg. 13 (1999) 471-472.

Reiterer, F.V., Deutung und Wertung des Todes durch Ben Sira, in: *J. Zmijewski* (Hg.), Die alttestamentliche Botschaft als Wegweisung, FS für Heinz Reinelt, Stuttgart 1990, 203-236.

Rüterswörden, U., Art. „Totenbeschwörung", in: Neues Bibel-Lexikon 3 (2001) 906-907.

Scholl, R., Die Elenden in Gottes Thronrat. Stilistisch-kompositorische Untersuchungen zu Jes 24–27 (BZAW 274), Berlin/New York 2000.

Schmitt, A., Entrückung – Aufnahme – Himmelfahrt (fzb 10), Stuttgart 1973.

Stipp, H.-J., Vier Gestalten einer Totenerweckungserzählung (1 Kön 17,17-24; 2 Kön 4,8-37; Apg 9,36-42; Apg 20,7-12), in: Biblica 80 (1999) 43-77.

Tropper, J., Nekromantie. Totenbefragung im Alten Orient und im Alten Testament (AOAT 223), Neukirchen-Vluyn/Kevelaer 1989.

Veenker, R.A., Gilgamesh and the Magic Plant, in: Biblical archaeologist 44,4 (1981) 199-205.

Wahl, H.M., „Tod und Leben". Zur Wiederherstellung Israels nach Ez. xxxvii 1–14, in: VT 49,2 (1999) 218-239.

Welten, P., Die Vernichtung des Todes und die Königsherrschaft Gottes, in: Theologische Zeitschrift 38 (1982) 129-146.

Werner, W., „Denn Gerechtigkeit ist unsterblich". Schöpfung, Tod und Unvergänglichkeit nach Weish 1,11-15 und 2,21-24, in: *Hentschel, G./Zenger, E.* (Hg.), Lehrerin der Gerechtigkeit. Studien zum Buch der Weisheit, Leipzig 1991, 26-61.

Witte, M., „Aber Gott wird meine Seele erlösen" – Tod und Leben nach Psalm xlix, in: VT 50 (2000) 540-560.

Zangenberg, J., Zwischen Welt und Unterwelt. Bestattungssitten und Gräber in Palästina zur Zeit Jesu, in: Welt und Umwelt der Bibel Nr. 27 (1/2003) 40-46.

Zenger, E., Das alttestamentliche Israel und seine Toten, in: *K. Richter* (Hg.), Der Umgang mit den Toten. Tod und Bestattung in der christlichen Gemeinde (QD 123), Freiburg/Basel/Wien 1990, 132-152.

Das Alte Testament und die Todesstrafe

Alt, A., Die Ursprünge des israelitischen Rechts [1934], in: Ders., Kleine Schriften zur Geschichte des Volkes Israel, Band 1, 4. Aufl., München 1968, 278-332.

Bellefontaine, E., Deuteronomy 21,18-21: Reviewing the Case of the Rebellious Son, in: JSOT 13 (1979) 13-31.

Buss, M.J., The Distinction between Civil and Criminal Law in Ancient Israel, in: Sixth World Congress of Jewish Studies, Vol. 1, Jerusalem 1977, 51-62.

Cohn, H.H./Rabinowitz, L.I., Art. Capital Punishment, in: Encyclopaedia Judaica (1972), CD-Edition 1997.

Crüsemann, F., Die Tora. Theologie und Sozialgeschichte des alttestamentlichen Gesetzes, München 1992.

Diebner, B./Schult, H., Das Problem der Todesstrafe an Tier und Mensch in Genesis 9,5-6, in: Dielheimer Blätter zum Alten Testament 6 (1974) 2-5.

Ernst, A., „Wer Menschenblut vergießt...". Zur Übersetzung von בָּאָדָם in Gen 9,6, in: ZAW 102 (1990) 252-253.

Gabriel, J., Die Todesstrafe im Lichte des Alten Testaments, in: Katholische Theologische Fakultät der Universität Wien (Hg.), Theologische Fragen der Gegenwart: Festgabe ... aus Anlaß des goldenen Priesterjubiläums und 20jährigen Bischofjubiläums ... des ... Kardinals Dr. Theodor Innitzer, Wien 1952, 69-79.

Gerstenberger, E.S., Wesen und Herkunft des „Apodiktischen Rechts" (WMANT 20), Neukirchen-Vluyn 1965.

Gerstenberger, E.S., „Apodiktisches" Recht? „Todes"Recht?, in: *Mommer, Peter* u. a. (Hg.), Gottes Recht als Lebensraum. Festschrift für Hans Jochen Boecker, Neukirchen-Vluyn 1993, 7-20.

Gerstenberger, E.S., Das dritte Buch Mose: Leviticus (ATD 6), 6., völlig neu bearbeitete Auflage, Göttingen 1993.

Heimbach-Steins, M., Die Todesstrafe. Ein unerledigtes Problem christlicher Sozialethik, in: Theologie der Gegenwart 38 (1995) 200-210.

Hentschel, G., Die Hinrichtung der Nachkommen Sauls (2 Sam 21,1-14), in: *Niemann, H. Michael/Augustin, Matthias/Schmidt, Werner H.* (Hg.), Nachdenken über Israel, Bibel und Theologie. Festschrift für Klaus-Dietrich Schunck zu seinem 65. Geburtstag (BEATAJ 37). Frankfurt am Main u. a. 1994, 93-116.

Hieke, T., Das Alte Testament und die Todesstrafe, in: Biblica 85 (2004) 349-374.

Hutton, R.R., Narrative in Leviticus: The Case of the Blaspheming Son (Lev 24,10-23), in: Zeitschrift für Altorientalische und Biblische Rechtsgeschichte 3 (1997) 145-163.

Koch, K., Der Spruch „Sein Blut bleibe auf seinem Haupt" und die israelitische Auffassung vom vergossenen Blut, in: VT 12 (1962) 396-416.

Lang, B., Art. Todesstrafe, in: Neues Bibel-Lexikon Lfg. 14/15 (2001) 890-893.

Levinson, B.M., „But You Shall Surely Kill Him!". The Text-Critical and Neo-Assyrian Evidence for MT Deuteronomy 13:10, in: *Braulik, Georg* (Hg.), Bundesdokument und Gesetz (HBS 4), Freiburg 1995.

Liedke, G., Gestalt und Bezeichnung alttestamentlicher Rechtssätze. Eine formgeschichtlich-terminologische Studie (WMANT 39), Neukirchen-Vluyn 1971.

McKeating, H., The Development of the Law of Homicide in Ancient Israel, in: VT 25 (1975) 46-68.

McKeating, H., Sanctions against Adultery in Ancient Israelite Society, with some Reflections on Methodology in the Study of Old Testament Ethics, in: JSOT 11 (1979) 57-72.

Merz, E., Die Blutrache bei den Israeliten (BWA[N]T 20), Leipzig 1916.

Milgrom, J., Leviticus 1–16 [1991]. 17–22 [2000] (AncB), New York u. a. 1991/2000.

Miller, J.E., Sexual Offences in Genesis, in: JSOT 90 (2000) 41-53.

Niehr, H., Rechtsprechung in Israel. Untersuchungen zur Geschichte der Gerichtsorganisation im Alten Testament (SBS 130), Stuttgart 1987.

Otto, E., Gottes Recht als Menschenrecht. Rechts- und literaturhistorische Studien zum Deuteronomium (BZAR 2), Wiesbaden 2002.

Päpstliche Bibelkommission, Das jüdische Volk und seine Heilige Schrift in der christlichen Bibel, VAS 152, Bonn 2001.

Ruwe, A., „Heiligkeitsgesetz" und „Priesterschrift". Literaturgeschichtliche und rechtssystematische Untersuchungen zu Leviticus 17,1–26,2 (FAT 26), Tübingen 1999.

Ruwe, A., Das Zusammenwirken von „Gerichtsverhandlung", „Blutrache" und „Asyl". Rechtsgeschichtliche Erwägungen zu den todesrechtsrelevanten Asylbestimmungen im Hexateuch, in: Zeitschrift für Altorientalische und Biblische Rechtsgeschichte 6 (2000) 190-221.

Schüngel-Straumann, H., Tod und Leben in der Gesetzesliteratur des Pentateuch, Diss. Bonn 1969.

Schulz, H., Das Todesrecht im Alten Testament. Studien zur Rechtsform der Mot-Jumat-Sätze (BZAW 114), Berlin 1969.

Schwienhorst-Schönberger, L., Das Bundesbuch (Ex 20,22–23,33). Studien zu seiner Entstehung und Theologie (BZAW 188), Berlin/New York 1990.

Seebass, H., Zum Sklavenrecht in Ex 21,28-32 und der Diskrepanz zwischen Ersatzrecht und Todesrecht, in: Zeitschrift für Altorientalische und Biblische Rechtsgeschichte 5 (1999) 179-185.

Sick, U., Die Tötung eines Menschen und ihre Ahndung in den keilschriftlichen Rechtssammlungen unter Berücksichtigung rechtsvergleichender Aspekte, 2 Bde., Diss. Tübingen 1984.

Singer, K.-H., Art. Blutrache, in: Neues Bibel-Lexikon Lfg. 2 (1989) 311.

Stassen, G., Biblical Teaching on Capital Punishment, in: Review and Expositor 93 (1996) 485-496.

Steck, O.H., Der Mensch und die Todesstrafe. Exegetisches zur Übersetzung der Präposition Beth in Gen 9,6a, in: Theologische Zeitschrift 53 (1997) 118-130.

Thiel, W., Der Todesrechtsprozeß Nabots in 1 Kön 21, in: *Beyerle, Stefan/ Mayer, Günter/Strauß, Hans* (Hg.), Recht und Ethos im Alten Testament – Gestalt und Wirkung, FS für Horst Seebass, Neukirchen-Vluyn 1999, 73-81.

Thoma, C., Todesstrafe und Folter in der jüdischen Tradition, in: Concilium 14 (1978) 672-677.

Fürbitte für die Toten und Fürsprache der Toten

Allgemein:

Brown, P., The Cult of the Saints. Its Rise and Function in Latin Christianity, Chicago/London 1981.

Oegema, G.S., Apokalypsen (JSHRZ VI.1,5), Gütersloh 2001.

Stemberger, G., Der Leib der Auferstehung (AnaBib 56), Rom 1972.

Zimmermann, J., Beten für die Verstorbenen?, in: ThBeitr 34 (2003), 256-269.

Zu 2Bar:

Klijn, A.F.J., Die syrische Baruch-Apokalypse (JSHRZ V.2), Gütersloh 1976.
Sayler, G.B., Have the Promises Failed? A Literary Analysis of 2 Baruch (SBL.DS 72), Chico/Ca. 1984.

Zu 2Makk:

Habicht, C., 2.Makkabäerbuch (JSHRZ I.3), Gütersloh 1976.
Brodersen, K./Nicklas, T., Das 2.Buch der Makkabäer, in: *Karrer, M./Kraus, W.* u. a. (Hg.), Die Septuaginta deutsch, erscheint: Stuttgart 2005.

Zu 4Esra:

Die Esra-Apokalypse (IV. Esra), übersetzt und herausgegeben von *A.F.J. Klijn* (GCS 59), Berlin 1992.
Longenecker, B.W., 2 Esdras, Sheffield 1995.
Myers, J.M., I and II Esdras (AncB), Garden City 1974.
Schreiner, J., Das 4. Buch Esra (JSHRZ V.4), Gütersloh 1981.
Stone, M.E., Fourth Ezra. A Commentary on the Book of Fourth Ezra (Hermeneia), Minneapolis 1990.

Zum Liber Antiquitatum Biblicarum (LAB):

Dietzfelbinger, C., Pseudo-Philo: Antiquitates Biblicae (JSHRZ II.2), Gütersloh 1975.
Jacobson, H., A Commentary on Pseudo-Philo's *Liber Antiquitatum Biblicarum*, 2 Bde. (AGAJU 31.1-2), Leiden/New York/Köln 1996.
Murphy, F.J., Pseudo-Philo. Rewriting the Bible, New York/Oxford 1993.

Zu den „Leben der Propheten" (Vitae Prophetarum):

Satran, D., Biblical Prophets in Byzantine Palestine. Reassessing the *Lives of the Prophets* (Studia in Veteris Testamenti Pseudepigrapha 11), Leiden/New York/Köln 1995.
Schwemer, A.M., Studien zu den frühjüdischen Prophetenlegenden *Vitae Prophetarum* I: Die Viten der großen Propheten Jesaja, Jeremia, Ezechiel und Daniel (TSAJ 49), Tübingen 1995.
Schwemer, A.M., Vitae Prophetarum (JSHRZ I.7), Gütersloh 1997.

Zum „Martyrium des Polykarp":

Lindemann, A./Paulsen, H., Die Apostolischen Väter. Griechisch-deutsche Parallelausgabe, Tübingen 1992.

Abkürzungsverzeichnis

AGAJU	Arbeiten zur Geschichte des antiken Judentums und des Urchristentums
AnaBib	Analecta Biblica
AncB	Anchor Bible
AOAT	Alter Orient und Altes Testament
ATD	Das Alte Testament Deutsch
ATSAT	Arbeiten zu Text und Sprache im Alten Testament
BEATAJ	Beiträge zur Erforschung des AT und des antiken Judentums
BEThL	Bibliotheca Ephemeridum theologicarum Lovaniensium
BK	Biblischer Kommentar
bMQ	babylonischer Talmud, Traktat Mo'ed Qatan
bShab	babylonischer Talmud, Traktat Schabbat
BWANT	Beiträge zur Wissenschaft vom AT und NT
BZAR	Beihefte zur Zeitschrift für altorientalische und biblische Rechtsgeschichte
BZAW	Beihefte zur Zeitschrift für die Alttestamentliche Wissenschaft
EÜ	Einheitsübersetzung
FAT	Forschungen zum Alten Testament
FS	Festschrift
fzb	Forschungen zur Bibel
GCS	Die griechischen christlichen Schriftsteller der ersten drei Jahrhunderte
HBS	Herders biblische Studien
JBTh	Jahrbuch für biblische Theologie
JSHRZ	Jüdische Schriften aus hellenistisch-römischer Zeit
JSOT	Journal for the Study of the Old Testament
NSK-AT	Neuer Stuttgarter Kommentar Altes Testament
QD	Quaestiones disputatae
SBB	Stuttgarter biblische Beiträge
SBL.DS	Society of Biblical Literature. Dissertation Series
SBS	Stuttgarter Bibelstudien
ThBeitr	Theologische Beiträge
ThQ	Theologische Quartalsschrift
TSAJ	Texte und Studien zum antiken Judentum
VAS	Verlautbarungen des Apostolischen Stuhles
VT	Vetus Testamentum
WMANT	Wissenschaftliche Monographien zum AT und NT
WUNT	Wissenschaftliche Untersuchungen zum NT
ZAW	Zeitschrift für die Alttestamentliche Wissenschaft
ZBK	Zürcher Bibelkommentar

Bibelstellenregister